RELATION GÉNÉRALE

DES

CÉRÉMONIES RELATIVES AU MARIAGE

DE LEURS MAJESTÉS IMPÉRIALES.

Le Grand-Maître des Cérémonies a l'honneur
d'adresser à Monsieur *Larrey*
Chirurgien en Chef de S^t l'Empereur

Un exemplaire de la Relation générale des
Cérémonies relatives au mariage de Leurs
Majestés Impériales.

Palais Royal le 10 Juin 1853.

RELATION GÉNÉRALE

DES

CÉRÉMONIES RELATIVES AU MARIAGE

DE SA MAJESTÉ L'EMPEREUR NAPOLÉON III

AVEC

SON EXCELLENCE MADEMOISELLE EUGÉNIE DE GUSMAN,

COMTESSE DE TEBA.

PARIS.

IMPRIMERIE IMPÉRIALE.

—

M DCCC LIII.

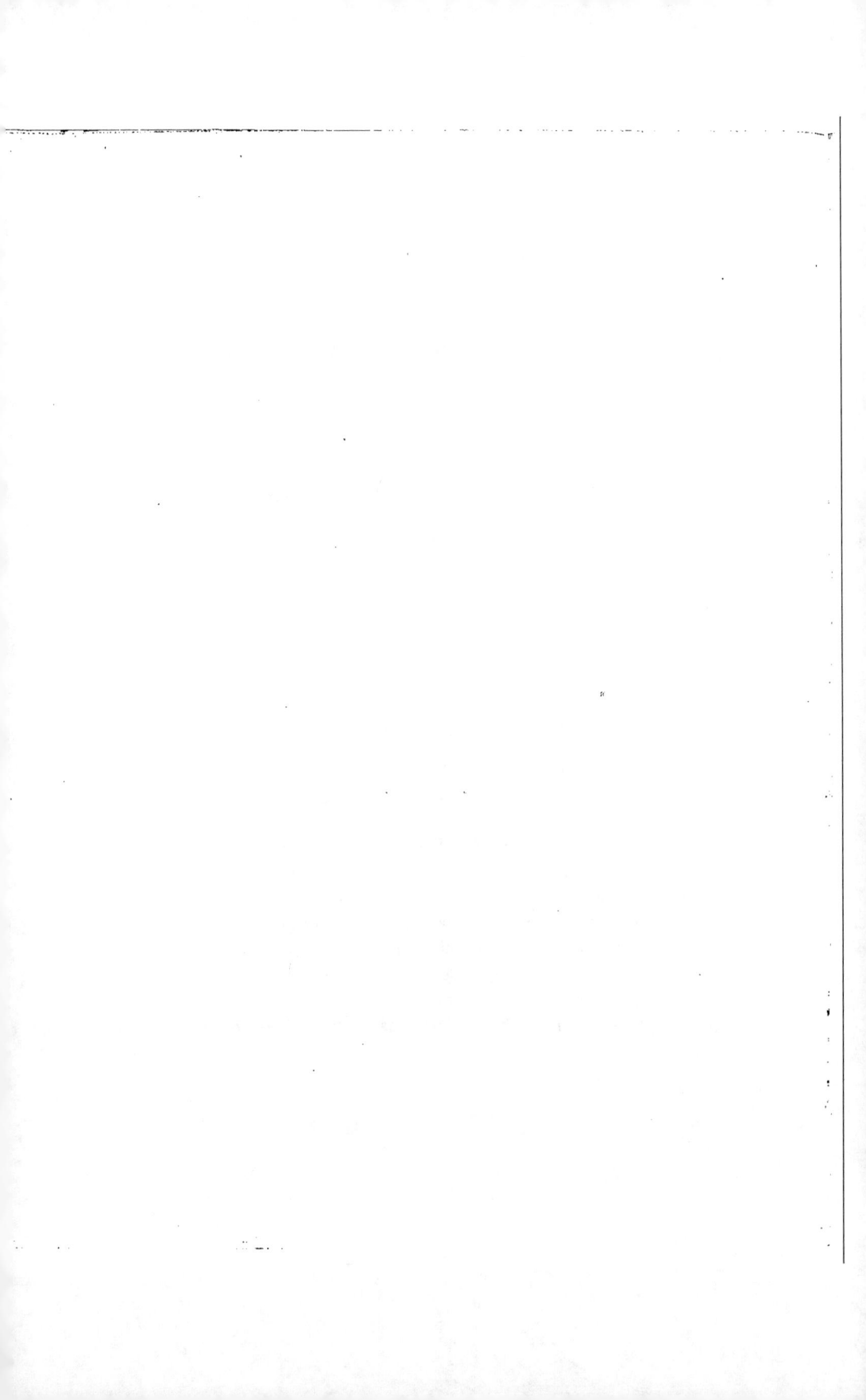

RELATION GÉNÉRALE

DES

CÉRÉMONIES RELATIVES AU MARIAGE

DE SA MAJESTÉ L'EMPEREUR NAPOLÉON III

AVEC

SON EXCELLENCE MADEMOISELLE EUGÉNIE DE GUSMAN,

COMTESSE DE TEBA.

I.

CONVOCATION DES GRANDS CORPS DE L'ÉTAT

POUR L'ANNONCE DU MARIAGE DE L'EMPEREUR.

Par ordre de l'Empereur, Son Excellence le Grand Maître des Cérémonies avait convoqué, à midi, le bureau du Sénat, le bureau du Corps Législatif et tout le Conseil d'État, au palais des Tuileries, pour y recevoir une communication de Sa Majesté. L'objet de cette communication avait transpiré, et la solennité du jour devait emprunter, de l'importance politique du sujet, un caractère imposant et du plus haut intérêt. Aussi, presque tous les Membres du Sénat, parmi lesquels on re-

Samedi,
22 janvier
1853.

marquait Leurs Excellences les Maréchaux, les Amiraux, et Sa Grandeur M. l'Archevêque de Paris, s'étaient-ils disputé l'honneur de s'adjoindre aux Membres du bureau. Ceux des Membres du Corps législatif qui se trouvaient à Paris avaient également rivalisé de zèle pour se presser autour de l'Empereur.

Chacun des Grands Corps de l'État avait été réuni dans un salon spécial.

A midi et quart, MM. les Sénateurs, les Députés et les Conseillers d'État quittèrent successivement ces salons pour passer dans la salle du Trône, sous la conduite des Maîtres des Cérémonies et des Aides.

MM. les Conseillers d'État, en leur qualité de Membres de l'un des Conseils de la Couronne, furent placés de chaque côté de l'estrade impériale;

MM. les Sénateurs, en face et à droite;

MM les Députés, en face et à gauche.

Sur les bords de l'estrade, de chaque côté du Trône, avaient été posés des pliants pour marquer la place de Leurs Altesses Impériales le Prince Jérôme-Napoléon et le Prince Napoléon. Du reste, nul autre siége dans la salle, toute l'assistance devant rester debout.

A midi et demi, l'Empereur, en habit de Général de division, sortit de son salon de famille pour se rendre dans la salle du Trône.

Un Aide des Cérémonies ouvrait la marche, suivi par

Les Officiers d'ordonnance de service,

Les Préfets du Palais de service,

Les Chambellans de service,

Le Maître des Cérémonies de service ordinaire,

L'Aide de camp de service,

Les Premiers Officiers

Et Leurs Excellences les Grands Officiers de la Maison impériale, après lesquels marchaient les Princes.

Le Maître des Cérémonies de service extraordinaire, resté dans la salle, annonça :

L'Empereur !

Alors Sa Majesté, précédée immédiatement de Leurs Altesses Impériales, et suivie de ses Ministres, entra au milieu du recueillement de l'Assemblée.

La Maison civile et militaire de l'Empereur, ainsi que Leurs Excellences les Ministres, se partagèrent à droite et à gauche, au pied de l'estrade impériale :

Son Excellence le Grand Maréchal du palais, à droite ;

Son Excellence le Grand Maître des Cérémonies, à gauche, un peu en avant.

Les Maîtres se placèrent en face,

Un Aide à chacune des issues de la salle.

L'Empereur monta sur l'estrade, et debout, en avant du Trône, ayant à sa droite Son Altesse Impériale le Prince Jérôme-Napoléon, et à sa gauche Son Altesse Impériale le Prince Napoléon, également debout, prononça le discours suivant :

« Messieurs,

« Je me rends au vœu si souvent manifesté par le pays, en venant vous annoncer mon mariage.

« L'union que je contracte n'est pas d'accord avec les traditions de l'ancienne politique : c'est là son avantage.

1.

« La France, par ses révolutions successives, s'est toujours brusquement séparée du reste de l'Europe; tout Gouvernement sensé doit chercher à la faire rentrer dans le giron des vieilles monarchies; mais ce résultat sera bien plus sûrement atteint par une politique droite et franche, par la loyauté des transactions, que par des alliances royales, qui créent de fausses sécurités et substituent souvent l'intérêt de famille à l'intérêt national. D'ailleurs, les exemples du passé ont laissé dans l'esprit du peuple des croyances superstitieuses; il n'a pas oublié que, depuis soixante-dix ans, les princesses étrangères n'ont monté les degrés du Trône que pour voir leur race dispersée et proscrite par la guerre ou par la révolution. Une seule femme a semblé porter bonheur et vivre plus que les autres dans le souvenir du peuple, et cette femme, épouse modeste et bonne du général Bonaparte, n'était pas issue d'un sang royal.

« Il faut cependant le reconnaître, en 1810, le mariage de Napoléon Ier avec Marie-Louise fut un grand événement; c'était un gage pour l'avenir, une véritable satisfaction pour l'orgueil national, puisqu'on voyait l'antique et illustre Maison d'Autriche, qui nous avait si longtemps fait la guerre, briguer l'alliance du Chef élu d'un nouvel Empire. Sous le dernier règne, au contraire, l'amour-propre du pays n'a-t-il pas eu à souffrir lorsque l'héritier de la couronne sollicitait infructueusement, pendant plusieurs années, l'alliance d'une maison souveraine, et obtenait enfin une princesse, accomplie sans doute, mais seulement dans des rangs secondaires et dans une autre religion?

« Quand, en face de la vieille Europe, on est porté, par la force d'un nouveau principe, à la hauteur des anciennes dynasties, ce n'est pas en vieillissant son blason et en cherchant à s'introduire à tout prix dans la famille des Rois qu'on se fait accepter; c'est bien plutôt en se souvenant toujours de son origine, en conservant son caractère propre et en prenant franchement, vis-à-vis de l'Europe, la position de parvenu, titre glorieux lorsqu'on parvient par le libre suffrage d'un grand peuple.

« Ainsi, obligé de s'écarter des précédents suivis jusqu'à ce jour, mon mariage n'était plus qu'une affaire privée; il restait seulement le choix de la personne. Celle qui est devenue l'objet de ma préférence est d'une naissance élevée. Française par le cœur, par l'éducation, par le souvenir du sang que versa son père pour la cause de l'Empereur, elle a, comme Espagnole, l'avantage de ne pas avoir en France de famille à laquelle il faille donner honneurs et dignités. Douée de toutes les qualités de l'âme, elle sera l'ornement du Trône, comme, au jour du danger, elle deviendrait un de ses courageux appuis. Catholique et pieuse, elle adressera au ciel les mêmes prières que moi pour le bonheur de la France; gracieuse et bonne, elle fera revivre, dans la même position, j'en ai le ferme espoir, les vertus de l'Impératrice Joséphine.

« Je viens donc, Messieurs, dire à la France : j'ai préféré une femme, que j'aime et que je respecte, à une femme inconnue dont l'alliance eût eu des avantages mêlés de sacrifices. Sans témoigner de dédain pour personne, je cède à mon penchant, mais après avoir consulté ma raison et mes convictions. Enfin, en plaçant l'indépendance, les qualités du cœur, le bonheur de famille, au-dessus des préjugés dynastiques et des calculs de l'ambition, je ne serai pas moins fort, puisque je serai plus libre.

« Bientôt, en me rendant à Notre-Dame, je présenterai l'Im-

pératrice au Peuple et à l'armée; la confiance qu'ils ont en
moi assure leur sympathie à celle que j'ai choisie; et vous,
Messieurs, en apprenant à la connaître, vous serez convain-
cus que, cette fois encore, j'ai été inspiré par la Providence. »

A ces paroles, prononcées avec émotion et fermeté, et inter-
rompues par d'unanimes applaudissements, la salle retentit
d'acclamations prolongées et de cris de *Vive l'Empereur !*
Sa Majesté, précédée et suivie, comme à son arrivée, rentra
dans ses appartements, saluée de nouveau par les chaleureux
vivat de l'Assemblée.

Dimanche, 23 janvier. Le lendemain, 23 janvier, le *Moniteur* livrait à la publicité
le nom de la Fiancée Impériale; et, à mesure que la nouvelle
du Mariage arrivait dans les départements, tous les conseils
municipaux préparèrent à l'envi des adresses de félicitation et
de reconnaissance à l'Empereur, pour le nouvel et précieux
gage de sécurité qu'il allait donner à la Nation.

Lundi, 24 janvier. Le lundi, 24, la Fiancée Impériale, Son Excellence Mademoiselle Marie-Louise-Eugénie de Gusman-Palafox, comtesse
de Teba, etc., etc., fille de feu Son Excellence le Comte de Montijo et de Miranda, duc de Peñaranda, marquis d'Osera, etc.,
etc., etc., trois fois Grand d'Espagne de première classe, allait
s'installer, dans le plus strict *incognito,* au palais de l'Élysée,
avec Madame sa mère, Son Excellence la Comtesse de Montijo
et de Miranda, duchesse de Peñaranda, Grande d'Espagne de
première classe, Grande Maîtresse honoraire de la Maison de
Sa Majesté la Reine des Espagnes, décorée du Cordon de
l'Ordre des Dames Nobles de Marie-Louise.

DÉLIBÉRATION DE LA COMMISSION MUNICIPALE DE LA VILLE DE PARIS,

A L'OCCASION DU MARIAGE.

La Commission municipale de la ville de Paris, convoquée extraordinairement par M. le Préfet de la Seine, à l'occasion du Mariage, vota par acclamation une somme de six cent mille francs pour l'acquisition d'un collier de diamants, destiné à être offert en présent, au nom de la Ville de Paris, à l'Impératrice des Français.

Dès que Mademoiselle de Montijo eut connaissance de la résolution, Elle s'empressa d'écrire à M. le Préfet; et, le 28 janvier, à l'ouverture de la séance de la Commission municipale, ce Magistrat donna lecture de la lettre, dont voici le texte :

« Monsieur le Préfet, je suis bien touchée d'apprendre la généreuse décision du Conseil municipal de Paris, qui manifeste ainsi son adhésion sympathique à l'union que l'Empereur contracte. J'éprouve néanmoins un sentiment pénible, en pensant que le premier acte public qui s'attache à mon nom, au moment de mon mariage, soit une dépense considérable pour la ville de Paris. Permettez-moi donc de ne point accepter votre don, quelque flatteur qu'il soit pour moi. Vous me rendrez plus heureuse en employant en charités la somme que vous aviez fixée pour l'achat de la parure que le Conseil municipal voulait m'offrir. Je désire que mon mariage ne soit l'occasion d'aucune charge nouvelle pour le pays auquel j'appartiens désormais; et la seule chose que j'ambitionne, c'est de partager avec l'Empereur l'amour et l'estime du Peuple Français.

« Je vous prie, Monsieur le Préfet, d'exprimer à votre Conseil toute ma reconnaissance, et de recevoir, pour vous, l'assurance de mes sentiments distingués.

« EUGÉNIE, Comtesse DE TEBA.

Palais de l'Élysée, le 26 janvier 1853.

L'expression d'un sentiment si noble fut accueillie avec respect, et le Conseil, pour perpétuer le souvenir des intentions charitables de l'Impératrice, décida, à l'unanimité, que la somme de six cent mille francs, qui avait dû être affectée à l'achat d'une parure pour Sa Majesté, serait employée à la fondation d'un établissement où de jeunes filles pauvres recevraient une éducation professionnelle, et d'où elles ne sortiraient que pour être convenablement placées. Dans ce but, M. le Préfet fut autorisé à acquérir sur-le-champ un immeuble qui avait paru propre à cette destination de bienfaisance, et il fut arrêté en outre que, sous l'agrément de Sa Majesté, l'établissement porterait le nom et serait placé sous le patronage de l'Impératrice.

II.

CÉRÉMONIE DU MARIAGE CIVIL.

A huit heures du soir,

Son Excellence le Grand Maître des Cérémonies [1], assisté d'un Maître [2], est allé avec deux voitures de la Cour, attelées de deux chevaux, chercher, au Palais de l'Élysée, la Fiancée Impériale, pour la conduire au Palais des Tuileries, sous l'escorte d'un peloton de cuirassiers.

A neuf heures, la première voiture était occupée par Son Excellence la Grande Maîtresse de la Maison de la future Impératrice [3], par sa Dame d'honneur [4] et par le Maître des Cérémonies.

La seconde voiture, précédée d'un piqueur, suivie de deux garçons d'attelage, avec deux valets de pied, en grande livrée, recevait :

La Fiancée Impériale et Son Excellence Madame la Comtesse de Montijo, celle-ci tenant la droite, dans le fond.

L'Auguste Fiancée de l'Empereur avait une robe rose en point d'Angleterre, garnie de fleurs et de rubans. Elle portait un collier de perles fines, une épingle et des boucles d'oreille en diamants, une coiffure blanche en clématites.

Sur le devant de la voiture étaient placés Don Donoso Cortès, marquis de Valdegamas, Envoyé extraordinaire et Ministre

[1] M. le Duc de Cambacérès, Sénateur.
[2] M. le Baron de Châteaubourg.
[3] Madame la Princesse d'Essling.
[4] Madame la Duchesse de Bassano.

plénipotentiaire de Sa Majesté la Reine des Espagnes, et Son Excellence M. le Grand Maître des Cérémonies.

L'Écuyer de la future Impératrice[1] était à cheval à la portière de droite;

Le Commandant de l'escorte, à la portière de gauche.

Le cortége se mit en marche par la place de la Concorde et le quai des Tuileries, et entra au Palais par la place du Carrousel et la grille du pavillon de Flore.

Son Excellence le Grand Chambellan[2],

Son Excellence le Grand Écuyer[3],

Le Premier Écuyer[4],

Deux Chambellans de service extraordinaire,

Les Officiers d'ordonnance de service,

Reçurent la Fiancée Impériale au bas de l'escalier du pavillon de Flore, pour la conduire, au premier, dans le salon de Famille, où l'attendait l'Empereur.

A l'entrée du premier salon, la Fiancée Impériale fut reçue par Leurs Altesses Impériales le Prince Napoléon et Madame la Princesse Mathilde, et l'on se mit en marche vers le salon de l'Empereur dans l'ordre suivant:

Les Officiers d'ordonnance,

Un des Chambellans,

Le Maître des Cérémonies qui avait accompagné le Grand Maître,

[1] M. le Baron de Pierres.
[2] M. le Duc de Bassano, Sénateur.
[3] M. le Maréchal de l'Empire Leroy de Saint-Arnaud, Sénateur, Ministre de la guerre.
[4] M. Fleury, Aide de camp de l'Empereur, Colonel des Guides.

Le Premier Écuyer,

Son Excellence le Grand Écuyer,

Leurs Altesses Impériales le Prince Napoléon et Madame la Princesse Mathilde;

La Fiancée Impériale et Son Excellence Madame la Comtesse de Montijo, prenant la droite et marchant sur la même ligne.

A leur droite, un peu en avant, Son Excellence le Grand Chambellan;

A leur gauche, un peu en avant, Son Excellence le Grand Maître des Cérémonies.

Suivaient Son Excellence Madame la Grande Maîtresse et la Dame d'honneur.

Un Chambellan de l'Empereur fermait la marche avec l'Écuyer de l'Impératrice[1].

En arrivant près du salon de l'Empereur, le Chambellan qui tenait la tête du cortége se détacha pour prévenir le Premier Chambellan de l'Empereur[2] de l'approche de la future Impératrice.

Le Premier Chambellan annonça à Sa Majesté l'arrivée de la Fiancée.

Tout le monde était debout.

L'Empereur avait auprès de lui Son Altesse Impériale le Prince Jérôme-Napoléon, Son Altesse le Prince Lucien Bonaparte, Sénateur;

[1] Ni Son Excellence le Grand Maître de la Maison de l'Impératrice, ni son Premier Chambellan ne prirent part à cette partie de la cérémonie; les fonctions de leur charge ne commencèrent qu'après la célébration du Mariage civil.

[2] M. le Comte Félix Baciocchi.

2.

Son Altesse le Prince Pierre-Napoléon Bonaparte,
Son Altesse Madame la Princesse Camerata Baciocchi,
Son Altesse le Prince Lucien Murat.

Autour de l'Empereur étaient les Maréchaux et Amiraux, les Ministres Secrétaires d'État, les Grands Officiers de la Maison civile et militaire de l'Empereur, un Ambassadeur et plusieurs Ministres plénipotentiaires de Sa Majesté, présents à Paris[1].

Sa Majesté s'avança au-devant de Sa Fiancée.

L'heure fixée par l'Empereur approchant, Son Excellence le Grand Maître des Cérémonies prit les ordres de l'Empereur, et le cortége se dirigea vers la salle des Maréchaux, où devait s'accomplir la cérémonie du Mariage civil.

On observa dans la marche l'ordre suivant :

Les Huissiers,

Les Aides des Cérémonies,
L'Écuyer de l'Impératrice,
Les Officiers d'ordonnance qui n'étaient pas de service,
Les Écuyers de l'Empereur qui n'étaient pas de service,
Les Officiers d'ordonnance de service,
Les Chambellans qui n'étaient pas de service,
Les Aides de camp qui n'étaient pas de service,

[1] M. le Comte Walewski, Ambassadeur près Sa Majesté la Reine du Royaume-Uni de la Grande-Bretagne et d'Irlande; M. le Baron Brenier et M. Thouvenel, Ministres de première classe; M. le Comte de Montlessuy, Envoyé extraordinaire et Ministre plénipotentiaire près Son Altesse Impériale et Royale l'Archiduc Grand-Duc de Toscane; M. le Comte de Béarn, Envoyé extraordinaire et Ministre plénipotentiaire près Sa Majesté le Roi de Wurtemberg; M. le Chevalier Le Moyne, Envoyé extraordinaire et Ministre plénipotentiaire à Buenos Ayres.

Les Écuyers de service,
Les Préfets du Palais de service,
Les Chambellans de service,
Le Maître des Cérémonies de service extraordinaire,
Le Maître des Cérémonies de service ordinaire,
L'Aide de camp de service [1],
Le Premier Préfet du Palais [2],
Le Premier Chambellan de l'Empereur,
Le Grand Maître des Cérémonies,
Le Grand Veneur [3],
Le Grand Écuyer,
Le Grand Chambellan,
Les Maréchaux et les Amiraux,
Les Ministres et Secrétaires d'État,
Les Cardinaux,
Les Princes Impériaux,

L'EMPEREUR,

LA FIANCÉE IMPÉRIALE

(Marchant sur la même ligne, l'Empereur tenant la droite).
Derrière :
Le grand Maréchal du Palais [4],
La Grande Maîtresse de la Maison de la future Impératrice,
La Dame d'honneur de l'Impératrice,

[1] M. le Général Comte Gustave de Montebello.
[2] M. le Baron de Béville, Aide de camp de l'Empereur.
[3] M. le Maréchal de l'Empire Magnan, Sénateur, Commandant en chef l'armée de Paris et la première division militaire.
[4] M. le Maréchal de l'Empire Comte Vaillant, Sénateur.

Madame la Princesse Mathilde,

Madame la Comtesse de Montijo,

Les Princes et Princesses de la Famille civile de l'Empereur, déjà nommés;

Les Dames des Princesses et un Officier de service de chacune des Maisons des Princes et Princesses.

Arrivés à la salle des Maréchaux, les Huissiers se rangèrent par moitié à droite et à gauche.

Un Maître des Cérémonies, assisté de deux Aides, avait fait placer à leur rang les personnes invitées par Sa Majesté.

Au fond de la salle, devant l'embrasure de la fenêtre du jardin, deux fauteuils égaux avaient été placés sur une estrade : l'un à droite, pour l'Empereur; l'autre, à gauche, pour la future Impératrice.

Au bas de l'estrade, à droite, étaient un fauteuil pour le Prince Jérôme-Napoléon, et une chaise pour le Prince Napoléon.

A gauche, en quart de cercle, des pliants pour Madame la Princesse Mathilde, Madame la Comtesse de Montijo, Madame la Princesse Camerata Baciocchi, et Son Altesse Grand'-Ducale le Prince Frédéric de Hesse.

A côté de ces siéges, était une table sur laquelle on avait posé les registres de l'état civil de la Famille Impériale[1].

---

[1] Ces registres étaient ceux de l'ancienne Maison Impériale, conservés dans les archives de la Secrétairerie d'État. Le premier acte qui s'y trouve consigné, daté du 2 mars 1806, est l'adoption du Prince Eugène comme fils de l'Empereur Napoléon Ier et comme Vice-Roi d'Italie. Le dernier acte, celui qui précède immédiatement l'acte de mariage de l'Empereur Napoléon III et de l'Impératrice Eugénie, est celui de la naissance du Roi de Rome, en date du 20 mars 1811.

A droite du Trône, des siéges étaient occupés par le Corps diplomatique et par le Sénat;

A gauche, par le Corps Législatif, le Conseil d'État, les Cours de justice et la Cour des comptes.

Devant le Trône, des banquettes avaient reçu les Dames du Corps diplomatique, les femmes des Ministres, des Maréchaux et Amiraux; les veuves des Maréchaux et Amiraux, les femmes des Présidents des Grands Corps de l'État, des Grands Officiers et des Officiers de la Maison de l'Empereur et de la Maison de la future Impératrice; les femmes des Sénateurs, des Députés et des Conseillers d'État;

Les Dames étrangères de haute distinction.

Les fonctionnaires, les femmes de dignitaires et fonctionnaires, et autres personnes invitées, tant françaises qu'étrangères, se montaient environ au nombre de mille, et étaient répartis, soit de plain-pied dans la salle, aux places qui viennent d'être indiquées, soit dans la galerie supérieure. Cette galerie n'avait reçu que des dames.

Une voie assez large avait été ménagée du Salon Blanc à travers la salle des Maréchaux, jusqu'au Trône, pour la facile circulation du cortége.

Un Maître des Cérémonies annonça :

L'EMPEREUR !

A ce moment, le Cortége déboucha, et chacune des personnes qui le composaient alla prendre la place qui lui appartenait.

La Maison civile et militaire de l'Empereur, les Dames de

la future Impératrice et Son Écuyer se placèrent derrière les fauteuils de l'Empereur et de Sa Fiancée, suivant leur rang;

Les Ministres, à la droite du Trône de l'Empereur, à l'exception de Son Excellence le Ministre d'État[1] et du Président du Conseil d'État, prenant part aux délibérations du Conseil des Ministres[2], qui se mirent à la gauche de Sa Majesté, près de la table sur laquelle étaient posés les registres de l'état civil.

Les Princes Impériaux se placèrent à droite de l'estrade impériale;

Son Altesse Impériale Madame la Princesse Mathilde, près de la future Impératrice;

Et après elle, à leurs places réservées:

Son Excellence Madame la Comtesse de Montijo;
Son Altesse Madame la Princesse Camerata Baciocchi;
Son Altesse Grand'-Ducale le Prince Frédéric de Hesse;
Le Ministre de Sa Majesté Catholique.

Leurs Altesses les Princes de la Famille civile de l'Empereur se tinrent à droite, devant les Sénateurs;

Son Excellence le Grand Maître des Cérémonies, les Maîtres et les Aides, à droite et à gauche, en avant du Trône.

À l'entrée de Sa Majesté et de la future Impératrice, toutes les Dames se levèrent et restèrent debout, comme le reste de l'assistance, jusqu'à la fin de la cérémonie.

L'Empereur et la Fiancée Impériale étant assis, le Grand Maître des Cérémonies prit les ordres de Sa Majesté, et invita

[1] M. Achille Fould.
[2] M. Baroche.

le Ministre d'État, exerçant les fonctions d'officier de l'état civil de la Famille Impériale, en vertu du sénatus-consulte du 25 décembre 1852, et le Président du Conseil d'État, spécialement désigné par Sa Majesté pour assister le Ministre d'État en cette circonstance, à se rendre devant le fauteuil de l'Empereur.

Alors le Ministre d'État et de la Maison de l'Empereur, élevant la voix, dit :

« AU NOM DE L'EMPEREUR!

(A ces mots, l'Empereur et la future Impératrice se levèrent.)

« SIRE,

« Votre Majesté déclare-t-elle prendre en mariage Son Excellence Mademoiselle Eugénie de Montijo, Comtesse de Teba, ici présente? »

L'Empereur répondit :

« Je déclare prendre en mariage Son Excellence Mademoiselle Eugénie de Montijo, Comtesse de Teba, ici présente. »

Le Ministre d'État, poursuivant :

« Mademoiselle Eugénie de Montijo, comtesse de Teba, Votre Excellence déclare-t-elle prendre en mariage Sa Majesté l'Empereur Napoléon III, ici présent? »

Son Excellence répondit :

« Je déclare prendre en mariage Sa Majesté l'Empereur Napoléon III, ici présent. »

3

Alors le Ministre d'État proclama en ces termes le Mariage :

« Au nom de l'Empereur, de la Constitution et de la Loi, je déclare que Sa Majesté Napoléon III, Empereur des Français par la grâce de Dieu et la volonté nationale, et Son Excellence Mademoiselle Eugénie de Montijo, comtesse de Teba, sont unis en mariage. »

Un solennel et religieux silence suivit cette simple déclaration prononcée d'une voix grave par le Ministre d'État. Un acte solennel venait de s'accomplir et de lier deux grandes destinées à la destinée de la Nation qui repose sous la sagesse de Sa Majesté.

Ces paroles prononcées, les Maîtres des Cérémonies apportèrent la table sur laquelle étaient les registres de l'état civil; ils la placèrent devant les fauteuils de l'Empereur et de l'Impératrice, et retournèrent à leur place.

On procéda sur-le-champ à la signature de l'acte, de la manière suivante :

Sur l'invitation du Grand-Maître des Cérémonies, le Président du Conseil d'État présenta la plume à l'Empereur et ensuite à l'Impératrice.

Leurs Majestés signèrent assises et sans quitter leur place.

Puis, le Ministre d'État fit l'appel suivant :

Son Altesse Impériale le Prince Jérôme Napoléon;
Son Altesse Impériale le Prince Napoléon;
Son Altesse Impériale Madame la Princesse Mathilde;

Son Excellence Madame la Comtesse de Montijo;

Son Altesse le Prince Lucien Bonaparte,
Son Altesse le Prince Pierre Bonaparte,
Son Altesse Madame la Princesse Camerata Baciocchi,
Son Altesse le Prince Lucien Murat,

M. le Marquis de Valdegamas, Envoyé extraordinaire et Ministre plénipotentiaire de Sa Majesté Catholique.

Chacun de ces personnages se rendit successivement auprès de la table, reçut la plume des mains du Président du Conseil d'État, et signa suivant son rang.

Un Maître des Cérémonies, Introducteur des Ambassadeurs[1], fit ensuite l'appel des autres personnes désignées par l'Empereur pour signer l'acte civil :

Leurs Éminences les Cardinaux :
M. de Bonald, Archevêque de Lyon;
M. Dupont, Archevêque de Bourges;
M. Mathieu, Archevêque de Besançon;
M. Gousset, Archevêque de Reims;
M. Donnet, Archevêque de Bordeaux;

Les quatre témoins de l'Impératrice :
M. le Duc d'Osuna, Grand d'Espagne de première classe;
M. le Comte de Galve;
M. le Marquis de Bedmar, Grand d'Espagne de première classe;
M. le Général Alvarez de Toledo;

---

[1] M. le Baron Feuillet de Conches.

3.

Leurs Excellences les Ministres Secrétaires d'État :

M. Abbatucci, Garde des Sceaux, Ministre de la Justice ;

M. le Vicomte Drouyn de Lhuys, Ministre des Affaires Étrangères;

M. le Maréchal de l'Empire Leroy de Saint-Arnaud, Ministre de la Guerre;

M. Ducos, Ministre de la Marine et des Colonies;

M. le Comte de Persigny, Ministre de l'Intérieur, de l'Agriculture et du Commerce;

M. de Maupas, Ministre de la Police générale ;

M. Magne, Ministre des Travaux publics;

M. Fortoul, Ministre de l'Instruction publique et des Cultes;

M. Bineau, Ministre des Finances;

Leurs Excellences les Maréchaux et Amiraux de l'Empire :

M. le Maréchal Comte Reille,

M. le Maréchal Comte Harispe (absent pour cause de santé),

M. le Maréchal Comte Vaillant,

M. le Maréchal Comte de Castellane (absent pour le service de l'Empereur),

M. le Maréchal Magnan,

M. l'Amiral Baron Roussin (absent pour cause de santé),

M. l'Amiral Baron de Mackau;

M. Troplong, Président du Sénat;

M. de Mesnard, Premier Vice-Président du Sénat;

M. le Général Comte Baraguey d'Hilliers, Vice-Président du Sénat;

M. le Général Comte Regnaud de Saint-Jean d'Angely, Vice-Président du Sénat;

M. le Général Marquis d'Hautpoul, Grand Référendaire du Sénat;

M. le Baron de Lacrosse, Secrétaire du Sénat;

M. Billault, Président du Corps Législatif;

M. Schneider, Vice-Président du Corps Législatif;

M. Reveil, Vice-Président du Corps Législatif;

M. Rouher, Vice-Président du Conseil d'État;

M. le Général Comte d'Ornano, Grand Chancelier de l'Ordre Impérial de la Légion d'honneur;

M. le Général Arrighi, Duc de Padoue, Gouverneur des Invalides;

M. le Duc de Bassano, Grand Chambellan;

M. le Duc de Cambacérès, Grand Maître des Cérémonies;

M. le Comte de Morny.

Ces personnes, s'approchant successivement de la table, reçurent la plume des mains du Secrétaire général du Ministère d'État [1], signèrent, et retournèrent à leur place en décrivant un demi-cercle derrière Leurs Majestés.

Toutes, en passant devant le Trône pour s'approcher de la table, saluaient l'Empereur et l'Impératrice, et s'inclinaient de nouveau après avoir signé.

[1] M. Alfred Blanche.

Le Ministre d'État et le Président du Conseil d'État ont clos la série des signatures.

Ces signatures terminées, le Grand Maître des Cérémonies avertit Leurs Majestés, qui n'avaient pas quitté leurs siéges, que la cérémonie était achevée. Alors l'Empereur et l'Impératrice se levèrent, et le cortége, dans le même ordre qu'à l'arrivée, reprit la direction du salon de Famille.

De leur côté, toutes les personnes qui ne faisaient point partie du cortége se dirigèrent vers la salle du théâtre où devait être exécutée une cantate, paroles de M. Méry, musique de M. Auber, de l'Institut, Directeur de la musique de l'Empereur.

La salle, nouvellement restaurée, présentait un aspect brillant.

A droite, était la galerie diplomatique, où les Dames occupaient les siéges de devant.

Au milieu, derrière les fauteuils de Leurs Majestés, de Leurs Altesses Impériales, de Madame la Comtesse de Montijo, de Leurs Altesses les Princes et Princesses de la Famille civile de l'Empereur, de Son Altesse Grand'-Ducale le Prince Frédéric de Hesse, étaient les siéges des Grands Officiers, Dames et Officiers de service, des Ministres, des Maréchaux et Amiraux, et de leurs épouses.

Une loge, à l'avant-scène de droite, avait été réservée pour Son Altesse Madame la Princesse Marie de Bade, Duchesse d'Hamilton, et pour Sa Seigneurie le Duc d'Hamilton.

La galerie de gauche était occupée par les Dames et par les bureaux du Sénat, du Corps Législatif, du Conseil d'État;

Le parterre, par les membres de ces Corps et les représentants de l'Armée.

Les loges étaient garnies d'hommes et de dames.

Leurs Majestés ne tardèrent pas à être annoncées. Dès qu'elles parurent, elles furent accueillies aux cris de : *Vive l'Empereur! Vive l'Impératrice!*

Avant le lever du rideau, l'orchestre exécuta l'ouverture de *Guillaume Tell;* puis Roger et Madame Tedesco, du Grand-Opéra, chantèrent la cantate avec leur verve accoutumée.

A dix heures et demie, la toile s'est baissée. Leurs Majestés se sont retirées aux cris de : *Vive l'Impératrice! Vive l'Empereur!*

Peu de temps après, l'Impératrice, accompagnée de Son Excellence Madame la Comtesse de Montijo, était reconduite au Palais de l'Élysée par Son Excellence le Grand Maître de sa Maison [1], et par son premier Chambellan [2], dans les voitures de la Cour, et avec la même escorte qu'à son arrivée.

[1] M. le Comte Louis Tascher de la Pagerie.
[2] M. le Comte Charles Tascher de la Pagerie.

III.

CÉRÉMONIE DU MARIAGE RELIGIEUX

EN L'ÉGLISE DE NOTRE-DAME.

DISPOSITIONS PRÉLIMINAIRES PRISES EN DEHORS DE L'ÉGLISE.

Dimanche,
30 janvier. Quelques décorations signalaient la ligne que devait parcourir le cortége impérial pour se rendre des Tuileries à la Métropole. Le bassin du rond-point de la cour du Louvre avait été comblé de terre et transformé en une corbeille de fleurs. Les deux jardins de la colonnade avaient été plantés de magnolias. Entre les deux jardins, la chaussée, devenue si peu praticable depuis le commencement des travaux du Louvre, avait été nivelée. Toutes les palissades, tous les matériaux qui encombraient le quai du Louvre avaient été enlevés. Toutes les inégalités de terrain qui gênaient, dans sa partie nouvellement ouverte, le parcours de la rue de Rivoli avaient été comblées, et partout les chaussées et les trottoirs non terminés avaient été couverts de sable.

Des mâts vénitiens, ornés de banderoles, de panoplies et d'écussons au chiffre de l'Empereur et de l'Impératrice, avaient été dressés le long du passage du cortége. Les écussons étaient brodés d'abeilles.

Devant l'Hôtel-de-Ville, entre la grille et l'édifice, s'élevait une immense estrade destinée à des personnes parées, invitées par M. le Préfet de la Seine[1].

De toute part, la façade de l'Hôtel-de-Ville et le pavillon méridional étaient pavoisés, avec une rare magnificence, de drapeaux, de flammes, de banderoles aux couleurs nationales.

Sur la place du Parvis-Notre-Dame s'élevaient trois grands mâts, au haut desquels flottaient des bannières aux couleurs nationales et brodées d'or; six autres flammes, montées sur des mâts moins élevés, marquaient, deux à deux, l'entrée de la rue d'Arcole, la sortie de la place du Parvis, l'entrée de la rue Notre-Dame.

Enfin, les marches conduisant au péristyle de l'Hôtel-Dieu étaient garnies d'estrades où devaient se placer les Employés supérieurs de l'Administration et de l'Assistance publique.

Des dispositions militaires avaient été prises pour la solennité du jour.

Les troupes étaient en grande tenue.

Les Officiers généraux en pantalon blanc et bottes à l'écuyère.

Toutes les positions étaient occupées dès onze heures du matin, sous la direction de M. le Général Courand, Commandant la place et l'une des brigades de l'armée de Paris.

Au terre-plein de l'Observatoire, des barrières formaient une vaste enceinte où des pièces d'artillerie, auxquelles devaient répondre d'autres pièces placées aux Invalides et à la barrière du Trône, attendaient un signal pour tirer simultanément trois salves de cent un coups chacune : la première pour

---

[1] M. Berger.

annoncer le départ de Leurs Majestés; la seconde, l'Élévation; la troisième, le retour du Cortége.

Une double haie était formée, sur toute la ligne de parcours du Cortége, par la Garde nationale et l'Armée.

Sous les ordres spéciaux du Général Courand, du Général d'artillerie Hubert et du Général du génie Sallenave,

Le premier bataillon de la gendarmerie d'élite s'était rangé à gauche, dans le jardin des Tuileries, de la grille du Pont-Tournant au Palais.

Le second bataillon formait la droite de la haie d'infanterie, commençant à la rue du Louvre.

Six cents hommes d'artillerie, sans pièces ni voitures, étaient placés entre la gendarmerie d'élite et six compagnies du génie.

Des détachements du train des parcs d'artillerie, du train des équipages à pied, des ouvriers constructeurs du train, de la compagnie d'ouvriers d'administration et de la compagnie d'infirmiers militaires, stationnaient sur la place de la Concorde, à la gauche de l'infanterie, sur l'asphalte de l'Obélisque, face aux Tuileries.

Un détachement de cent militaires invalides,

Un peloton fourni par l'École impériale polytechnique,

Un bataillon de l'École spéciale militaire de Saint-Cyr,

Concouraient à former la haie dans le jardin des Tuileries, à partir du pavillon de l'Horloge, en se prolongeant dans la grande allée du milieu.

A partir de ce point, les troupes de l'armée de Paris formaient la gauche de la haie, dont la Garde nationale, qui occupait aussi une partie du jardin des Tuileries, formait la droite.

La première division, sous les ordres du Général Dulac,

s'étendait du Louvre à la place de l'Hôtel-de-Ville, et de là au pont Notre-Dame.

La première brigade, Général Walsin-Esterhazy, se composait des 22ᵉ et 52ᵉ régiments de ligne : le 22ᵉ appuyant sa droite à la rue Saint-Germain-l'Auxerrois, sa gauche à la rue Tirechappe; le 52ᵉ continuant la ligne jusqu'à trente mètres de la rue Saint-Denis.

La seconde brigade, commandée par le Colonel Grandchamp, du 48ᵉ, suppléant le Général de Lourmel, Aide de camp de l'Empereur, était forte des 13ᵉ, 33ᵉ et 38ᵉ régiments de ligne, s'étendant de la rue Saint-Denis au quai de l'Hôtel-de-Ville.

Trois régiments, le 5ᵉ de chasseurs, le 3ᵉ léger, le 49ᵉ de ligne, composaient la troisième brigade, sous le commandement du Général Marulaz, et se déployaient jusques à quarante mètres du pont d'Arcole, sur le quai Napoléon.

La seconde division, sous les ordres du Général Renault, appuyait sa droite au pont Notre-Dame, jusqu'à la place du Parvis, et de là au pont des Arts, sur la ligne de parcours du Cortége, à son retour.

Cette division, forte de sept régiments d'infanterie et du 8ᵉ bataillon de chasseurs à pied, se composait de trois brigades, dont la première, aux ordres du Général d'Hugues, comprenait les 16ᵉ et 19ᵉ régiments de ligne, et avait sa droite au pont Notre-Dame, sa gauche au pavillon de l'Horloge.

La seconde brigade, commandée par le Général Bouat, occupait le pont au Change et le quai de la Mégisserie : le 8ᵉ bataillon de chasseurs sur le pont, et les 6ᵉ et 56ᵉ régiments de ligne sur le quai. La gauche de ce dernier corps s'appuyait à quelque distance du pont Neuf.

Enfin, la troisième brigade, placée sous les ordres du Général

4.

Ripert, était formée des 28ᵉ et 51ᵉ régiments de ligne, dont la droite s'étendait du pont Neuf au pont des Arts.

Venait ensuite la troisième division, que commandait le Général Levasseur, et qui achevait la haie jusqu'à la place de la Concorde. Première brigade (9ᵉ bataillon de chasseurs, 6ᵉ régiment léger, 43ᵉ de ligne), Général d'Alphonse; seconde brigade (19ᵉ léger, 44ᵉ de ligne), Général Carbuccia; troisième brigade (12ᵉ léger, 5ᵉ et 31ᵉ de ligne), Général Répond.

Quand la haie fut complétement formée sur tout le parcours du Cortége, les Officiers généraux se placèrent à la droite des divisions et brigades dont ils avaient le commandement.

PRÉPARATIFS DANS L'ÉGLISE.

Les travaux d'appropriation de la Métropole à la cérémonie du Mariage avaient été une réelle improvisation. En effet, c'était seulement le 22 janvier que l'Église et le grand Parvis de la façade avaient pu être livrés aux ouvriers de tous états qui, jour et nuit, s'étaient mis à parer le monument en dedans et en dehors. On se rappelait que les travaux préparatoires de la solennité du Sacre de Napoléon Iᵉʳ, dans la même Église, sans avoir plus d'importance que ceux d'aujourd'hui, avaient coûté plus de trois mois, et l'on avait regardé comme un prodige qu'une même œuvre pût être accompli en huit jours. Elle le fut, néanmoins, grâce au talent et à la merveilleuse activité des architectes[1], secondés par une armée infatigable d'aides, d'entrepreneurs et d'ouvriers. L'ancien Commissaire

[1] MM. Lassus et Viollet-Leduc.

spécial des fêtes au Ministère de l'Intérieur ¹ avait été particu-
lièrement délégué par le Grand Maître des Cérémonies pour
suivre ces grands travaux de l'Église.

Chargés depuis plusieurs années de la restauration de
Notre-Dame, les architectes avaient à la fois une connaissance
trop approfondie des nécessités de l'art gothique en général
et singulièrement des besoins de la Cathédrale, pour ne pas,
mieux que personne, y approprier une sorte de vêtement de
circonstance, une parure de fête digne du lieu comme de la
solennité. Aussi, depuis le Sacre de Napoléon Ier, la Métropole
n'aura-t-elle pas vu une décoration plus splendide, plus en
harmonie avec son architecture séculaire.

Les deux artistes avaient eu l'heureuse pensée de la repré-
senter, au moyen de charpentes recouvertes de peintures et
de tapisseries, telle à peu près qu'elle sera un jour quand ils
auront terminé l'œuvre difficile et grandiose qui leur est im-
posée. C'est ainsi qu'en 1810, lors de l'entrée à Paris de
Napoléon Ier et de Marie-Louise, avait été simulé l'achèvement
de l'arc de triomphe de l'Étoile et du Temple de la Gloire,
aujourd'hui la Magdeleine, qui à peine alors sortaient de leurs
fondements. Toutes les dynasties des Rois de Juda, dont les
images décoraient le portail de Notre-Dame, et qu'avait ren-
versées la première révolution, étaient remontées dans leurs
niches. L'antique statue de la Vierge, avec ses deux anges
agenouillés, avait été replacée en décoration sur la galerie
des Rois; et les adjonctions que la cérémonie avait comman-
dées offraient une convenance et une propriété parfaites avec
le style de l'antique Métropole, créée Basilique par le Pape
Pie VII.

¹ M. Louis Perrot.

Devant les trois grandes portes de la façade occidentale se dressait un porche gothique à trois pans, et de douze mètres de saillie, pour permettre à des équipages à huit chevaux d'entrer librement avec escorte. L'arcade du milieu laissait voir dans toute sa hauteur la belle porte centrale restaurée et ses riches sculptures. L'énorme charpente qui composait le porche était recouverte de toiles peintes simulant des tapisseries rehaussées d'arabesques et de broderies d'or. Des figures de Saints du diocèse de Paris, de Rois et de Reines de France et d'Espagne, se découpaient sur le fond des tentures. Les pignons au-dessus des arcs imitaient des bois sculptés et dorés. Sur les deux piles de face étaient représentées, comme issant du milieu des tapisseries, les statues équestres de Charlemagne et de Napoléon Ier. Deux aigles couronnaient les tapisseries adossées aux deux angles de la façade. Les plafonds inclinés suivant la pente des trois combles, et dégageant les trois portes, étaient sous tentures vertes brodées d'abeilles et frangées d'or. Enfin, les faces supérieures au-dessus des arcades étaient chargées d'écussons aux armes impériales, de chiffres et emblèmes de Leurs Majestés, et d'abeilles d'or[1].

Tout le long de la grande balustrade qui couronne la galerie des Rois régnait une frise composée d'aigles dorées et d'écussons aux armes impériales, reliés par des guirlandes de feuillage et de fleurs.

Le fond de la grande rose était tendu de drap vert semé d'abeilles d'or.

Dans les quatre fenêtres inférieures des deux tours on avait disposé des toiles peintes qui représentaient en tapisseries les

[1] Cette décoration du porche était due au pinceau de M. Séchan.

figures de Charlemagne, de saint Louis, de Louis XIV et de Napoléon.

Neuf grandes bannières vertes, semées d'abeilles d'or, flottaient devant cette décoration.

La grande galerie à jour ressortait sur des tentures vertes, semées d'abeilles d'or, et ornées des armes impériales.

Des écussons aux armes des principales villes de France étaient suspendus aux colonnes, et des guirlandes de feuillages et de fleurs reliaient entre eux ces écussons.

Sur la balustrade de la galerie à jour étaient attachés les drapeaux des quatre-vingt-six départements; et sur la partie centrale de la galerie, une statue du Christ bénissant complétait la décoration.

Devant les grandes baies ou abat-sons des beffrois des deux tours descendaient des pentes immenses de drap d'or bordées d'azur.

Les balustrades supérieures de ces tours étaient décorées de guirlandes de feuillages, coupées d'armes impériales, et aux quatre angles dominaient des aigles d'or colossales, aux ailes éployées, comme prenant leur essor vers les quatre points cardinaux.

Les deux tours étaient pavoisées de deux bannières immenses aux couleurs nationales, portées dans les airs par des mâts.

Enfin, tous les soubassements des portes étaient tendus de velours rouge, et les abords de l'Église étaient décorés de toute part de tapisseries des Gobelins.

L'intérieur de l'Église répondait au dehors. Là, un système de progression avait été suivi dans l'emploi des couleurs hiératiques et dans la richesse de la décoration. Plus on avançait vers le chœur du vaste édifice, et plus les tentures, les décors, les fleurs, les vives couleurs, les dorures, les lumières se multipliaient.

En entrant, on passait sous un porche intérieur à six piliers, posé devant la voûte de l'orgue, et servant de support à une tribune disposée pour recevoir cinq cents musiciens. Ce porche, d'un dessin élégant, mais orné avec sobriété, servait de repoussoir à tout l'or dont rayonnaient sous les lumières la nef et le chœur.

La tribune était décorée d'arcades couvertes de peintures et d'écussons. Des rideaux verts niellés d'or, relevés sur les piliers par de larges patères d'or aux armes impériales, laissaient voir l'intérieur de l'Église.

La face de la tribune, du côté de la nef, était décorée de riches arabesques sur fond or, d'armes impériales, et d'un appui en velours cramoisi, frangé d'or[1].

Des tapis, jetés sur une voie de huit mètres de large, au milieu de la nef, conduisaient du porche à l'autel. Cette partie seule était livrée à la circulation.

Des deux côtés de ce passage, d'élégantes tribunes aux gradins rouges et aux appuis de velours frangés d'or, étaient disposées pour recevoir :

Les Cours de justice,

La Cour des comptes,

Le Conseil impérial supérieur de l'instruction publique,

L'Institut de France,

---

[1] Les peintures de cette tribune étaient de M. Dénuelle.

L'État-Major de la Garde nationale,
L'État-Major de l'Armée,
L'État-Major de la Marine,
Les Vétérans de l'Empire et des Invalides,
Les Officiers étrangers en uniforme,
Le Préfet de la Seine et le Préfet de police,
Le Conseil de préfecture du département de la Seine,
La Commission municipale et départementale,
Les Maires de Paris,
Les Sous-Préfets de Sceaux et de Saint-Denis,
Les Maires des grandes villes,
Le Recteur et le Corps académique du département de la Seine,
Le Tribunal de première Instance de Paris,
Le Tribunal de commerce de Paris,
Les Juges de paix de Paris,
La Chambre de Commerce de Paris,
Le Conseil des Prud'hommes,
Les Membres des Corps impériaux des Ponts et Chaussées et des Mines,
Les Fonctionnaires et Professeurs de l'École impériale polytechnique,
Les Fonctionnaires et Professeurs de l'École spéciale militaire de Saint-Cyr,
Le Collége de France,
Les Professeurs Administrateurs du Muséum d'histoire naturelle,
L'Académie impériale de Médecine,
L'Administrateur et les Professeurs du Conservatoire impérial des Arts et Métiers,

Le Conseil des Avocats à la Cour de cassation,

Les Chambres des Notaires, des Avoués, des Agents de change, des Commissaires priseurs, des Courtiers de commerce, enfin les hauts Fonctionnaires des administrations publiques;

Puis en arrière de ces tribunes inférieures, et aux galeries du premier étage, des dames et des hommes non fonctionnaires, invités.

La série des tribunes commençait du porche par les tribunes de ces derniers, et allait ainsi en remontant, échelonnée à droite et à gauche, jusqu'aux limites de la nef, à l'entrée du transept.

Les colonnes de la nef étaient couvertes de velours rouge frangé d'or, comme les appuis des tribunes. Aux bas côtés, les colonnes étaient enroulées d'étoffe rouge, et les voûtes peintes en couleur d'azur; le tout chargé d'un semis d'abeilles d'or.

Au-dessus des chapiteaux des basses nefs étaient appendues les armes impériales; et du haut des tribunes du premier étage tombaient de riches manteaux de velours, doublés d'hermine et brodés aux armes impériales. Les armes du Chapitre et des guirlandes de laurier entremêlées de roses servaient de liens à ces magnifiques tentures.

Les colonnes des tribunes hautes étaient semées d'abeilles d'or en champ d'azur, et le dessous des plus hautes croisées disparaissait derrière une tapisserie verte aux abeilles d'or et aux monogrammes de Leurs Majestés.

Là aussi pendaient, comme des trophées, les écussons des principales villes de France, entre lesquels courait une ligne non interrompue de guirlandes de fleurs. Enfin la voûte en-

tière était comme masquée par une forêt multicolore de bannières rehaussées d'or, pendant sur trois rangs, et portant le
nom des chefs-lieux des départements de la France.

Sur une estrade élevée de trois marches, à l'extrémité de la
nef, à deux mètres en avant du milieu du transept, en face de
l'Autel, étaient placés les deux siéges de Leurs Majestés avec
deux prie-Dieu. Ces deux siéges, ainsi que les coussins et prie-
Dieu, étaient de velours rouge aux armes impériales, richement brodées en or. L'estrade était elle-même couverte de
velours de même couleur, revêtue d'un tapis d'hermine.

Au milieu du transept, à vingt mètres de hauteur, était sus-
pendu à la voûte un dais d'azur festonné d'or, à quatre rideaux
de velours rouge parsemés d'abeilles d'or et doublés d'hermine.
Le dais, de quatre mètres de côté, était surmonté d'une Couronne impériale dominée par une aigle colossale aux ailes
éployées, qui semblait l'enlever dans les airs. Quatre autres
aigles plus petites tenaient les quatre angles supérieurs.

Les quatre rideaux étaient relevés à la hauteur de la galerie
du premier étage, et laissaient pendre leurs extrémités ornées
de broderies, de franges et de torsades d'or.

A droite, au pied de l'estrade du Trône, un fauteuil avec un
carreau marquait la place de Son Altesse Impériale le Prince
Jérôme-Napoléon; des chaises posées à la suite, avec carreaux,
marquaient celles de Son Altesse Impériale le Prince Napoléon
et de Son Altesse Impériale Madame la Princesse Mathilde.

Contre le pilier de la nef, également à droite, des pliants
attendaient Son Altesse Grand'Ducale le Prince Frédéric de
Hesse et Son Altesse Sérénissime le Duc de Brunswick.

Au côté gauche du fauteuil de Son Altesse Impériale le

5.

Prince Jérôme-Napoléon, et un peu en arrière, un siége était réservé au Premier Aumônier de l'Empereur [1].

Derrière les places de Leurs Altesses Impériales étaient des banquettes pour les Dames d'honneur de Son Altesse Impériale Madame la Princesse Mathilde.

A la gauche du Trône, Leurs Altesses les Princes et Princesses de la Famille de l'Empereur avaient, ainsi que Son Excellence Madame la Comtesse de Montijo et Madame la Marquise Bartolini, des tabourets avec carreaux.

Derrière le Trône de l'Impératrice et les siéges des Princesses de la famille de l'Empereur se trouvaient des banquettes pour Son Excellence Madame la Grande Maîtresse, pour la Dame d'honneur, les Dames du Palais de Sa Majesté, les Dames des Princesses et de Madame la Comtesse de Montijo.

Enfin, une banquette adossée au pilier gauche du transept attendait M. le Marquis de Valdegamas, Ministre d'Espagne, et les témoins de l'Impératrice.

De vastes tribunes en amphithéâtre, remplissant les bras de la croix latine, de chaque côté du Trône, avaient été disposées :

A droite, d'une part, pour le Corps diplomatique étranger et les Ministres plénipotentiaires de l'Empereur, présents à Paris; de l'autre part, pour le Sénat;

A gauche, pour le Corps Législatif et le Conseil d'État.

Sur les banquettes supérieures de chaque côté, des places avaient été ménagées pour les Dames du Sénat, du Corps Législatif et du Conseil d'État.

[1] M. Menjaud, Évêque de Nancy et de Toul.

Devant le Sénat, une banquette était réservée aux Ministres Secrétaires d'État.

A gauche, devant le Conseil d'État, les Maréchaux qui ne sont pas Grands Officiers de la Couronne, les Amiraux et l'Ambassadeur de l'Empereur près Sa Majesté la Reine du Royaume-Uni de la Grande-Bretagne et d'Irlande, présent à Paris[1], avaient leur banquette, dont l'extrémité placée devant le Corps Législatif, du côté de l'autel, était garnie de Membres du Clergé, comme il sera dit plus loin.

Les deux extrémités du transept sous les deux roses avaient été revêtues de tentures de toiles peintes représentant des tapisseries enchâssées en une boiserie sculptée dans le style de la sévère architecture de l'édifice. Des figures de rois et de reines, d'évêques et de personnages importants de l'histoire de France, faisaient la principale décoration de ces tapisseries rehaussées d'or[2].

Les quatre piliers du transept avaient été entourés de décorations simulant des boiseries sculptées, rehaussées d'or. Les armes impériales surmontaient ces boiseries[3].

Les deux tribunes en amphithéâtre adossées au chœur, et ouvrant de chaque côté sur la croix latine, étaient tendues de rouge avec des abeilles d'or, et de pentes en velours rouge frangées d'or. Celle de droite était destinée aux Dames du Corps diplomatique; celle de gauche à Son Altesse Madame la Princesse Marie de Bade, Duchesse d'Hamilton et à Sa Seigneurie le Duc d'Hamilton; aux Dames de la Maison de l'Impératrice; aux femmes des Ministres, des Maréchaux et des Amiraux; aux

---

[1] M. le Comte Walewski.
[2] Les peintres de ces décorations étaient MM. Cambon et Thierry.
[3] Le décorateur des quatre piliers était M. Despléchins.

veuves des Grands Dignitaires de l'Empire, des Maréchaux et
des Amiraux; aux femmes des Grands Officiers de la Couronne
et des Officiers de la Maison de l'Empereur.

La décoration des galeries hautes, ouvertes, comme celles
de la nef et du chœur, aux personnes invitées, continuait le
système de décoration de la nef.

L'autel, élevé de cinq marches, était dressé à l'entrée du
chœur, la première marche plantée à deux mètres de l'estrade
impériale.

Cet autel était surmonté d'un *ciborium* ou baldaquin gothique, en harmonie avec l'architecture de l'édifice. La voûte
de ce baldaquin était d'azur étoilé d'or et portait sur quatre
piliers surmontés de pinacles à jour et d'anges tenant des en-
censoirs [1].

L'autel, richement garni, était surmonté d'un rétable dans
le style des pièces d'orfévrerie du XIII⁰ siècle. Une clôture à
jour, rehaussée d'or et grillée de branches de laurier d'or,
reliait le *ciborium* aux deux piliers de l'entrée du chœur.

Les parois du chœur lui-même étaient décorées comme la
nef, et la voûte reproduisait la décoration de bannières pen-
dantes aux mille couleurs.

A l'entrée du chœur, un lustre immense, dans le style des
pièces d'orfévrerie du XII⁰ siècle, et chargé de soixante-seize
cierges, formait comme une couronne de feu. Par toute l'É-
glise, et plus encore derrière l'autel, une quantité considérable de lustres, où brûlaient environ quinze mille bougies,
descendait des voûtes et jetait des flots de lumière sur l'antique monument rajeuni.

[1] Les peintures de l'autel étaient de M. Nolau.

Aux deux extrémités de la première marche de l'estrade impériale, en regard de l'autel, deux chandeliers de vermeil portaient des cierges destinés aux offrandes. Sur chacun de ces cierges étaient appliquées les armes impériales et vingt pièces d'or.

Enfin, sur l'autel, du côté de l'épître, était un plateau d'argent, destiné à recevoir la pièce de mariage et l'anneau nuptial que devait y poser le premier aumônier de l'Empereur pour les faire bénir[1].

A droite de l'autel, sous un dais de velours rouge étoilé d'or, était un fauteuil avec carreau pour Sa Grandeur M. Sibour, Archevêque de Paris, officiant, et des tabourets pour ses assistants.

A gauche, une rangée de chaises avec carreaux pour Leurs Éminences les cinq Cardinaux français, et, derrière, d'autres chaises pour Leurs Grandeurs les Évêques présents à Paris.

Au bas des marches de l'autel, des deux côtés de l'estrade impériale, étaient les places réservées aux Membres titulaires du Chapitre métropolitain;

Derrière le fauteuil de l'Archevêque officiant, les banquettes des Membres titulaires du Chapitre impérial de Saint-Denis;

En arrière des chaises des Cardinaux et des Évêques, les banquettes où devaient s'asseoir les Grands Vicaires et les Aumôniers des Évêques.

Enfin, au bas des estrades du Corps diplomatique et du Corps législatif étaient les banquettes du Clergé de la Chapelle

[1] Ce plateau était celui du lavabo d'autel de M. de Belzunce, l'illustre Évêque de Marseille. Son successeur immédiat au siège de cette ville, M. de Belloy, mort Archevêque de Paris, l'a légué avec l'aiguière au Chapitre de l'Église métropolitaine.

Impériale des Tuileries, des Chanoines honoraires de Paris, des Curés de Paris et des Chapelains de Sainte-Geneviève.

ENTRÉE DES CORPS CONSTITUÉS ET DU PUBLIC DANS L'ÉGLISE.

———

Il avait été annoncé que les portes latérales du grand portail, les portes méridionale et septentrionale de l'Église et la porte Rouge seraient seules ouvertes aux personnes invitées. La porte centrale du portail était exclusivement réservée à Leurs Majestés et à leur cortége, aux Nonce, Ambassadeurs et Ministres étrangers venant en corps et avec escorte.

Il avait également été annoncé que les portes, ouvertes à neuf heures du matin aux personnes invitées et munies de billets du Grand Maître des Cérémonies, seraient fermées à onze heures et demie;

Qu'elles ne s'ouvriraient plus que pour le Corps diplomatique et pour les députations des Corps constitués venant comme lui avec escorte;

Que, passé midi, toutes les portes de l'église seraient rigoureusement fermées et que personne n'y serait plus admis;

Enfin, que les Membres des Corps constitués et les Fonctionnaires seraient en grande tenue, pantalon blanc; les dames en robe montante et en chapeau; les hommes invités, en frac. Ce programme fut suivi.

A neuf heures du matin, les derniers coups de marteau des travailleurs avaient à peine cessé de se faire entendre dans la Basilique, que déjà le public s'y pressait à l'envi. La vaste nef se remplit peu à peu et sans le moindre désordre. Les tribunes hautes, qui avaient donné accès à près de mille personnes, et où les premières banquettes avaient été cédées aux dames, étaient combles. L'Armée, le Corps municipal, le Conseil de préfecture, l'Institut de France, les Corps savants, avaient pris place; quand, en l'absence du Premier Président de la Cour de cassation, l'un des Présidents de la Cour [1], revêtu de l'épitoge et du manteau d'hermine; M. le Premier Président de la Cour impériale [2], M. le Procureur général impérial [3], firent successivement leur entrée, marchant en tête de MM. les Magistrats de leurs Cours respectives et des Parquets. Suivirent immédiatement M. le Président du Tribunal de première instance [4], en tête des Juges de son Tribunal; M. le Président [5] et les Juges du Tribunal de commerce; enfin, les Officiers ministériels d'appel et d'instance.

Bientôt les trois grands Corps politiques, venus avec escorte, entrèrent, Conduits :

Le Sénat, par son Président, M. Troplong, Premier Président de la Cour de Cassation;

Le Corps Législatif, par son Président, M. Billault;

Le Conseil d'État, par son Vice-Président M. Rouher, en l'absence du Président, M. Baroche, qui devait faire partie du Cortége de l'Empereur, comme Membre du Conseil des Ministres.

[1] M. Laplagne-Barris.
[2] M. Delangle.
[3] M. de Royer.
[4] M. de Belleyme.
[5] M. Ledagre.

6

Les Dignitaires de la Légion d'honneur avaient pris leurs places au bout de la nef près du transept[1].

Les tribunes adossées au chœur, et décorées de dames richement parées, ne tardèrent pas à être occupées.

Les témoins de l'Impératrice prirent leurs places.

Les siéges posés à la gauche de l'Impératrice furent occupés par Son Altesse Madame la Princesse Camerata Baciocchi, par Son Altesse le Prince Louis-Lucien Bonaparte, et Madame la Marquise Bartolini; la première place, plus rapprochée du Trône, étant réservée pour Son Excellence Madame la Comtesse de Montijo.

A droite, on remarquait Son Altesse Grand'-Ducale le Prince Frédéric de Hesse, en uniforme de général hessois, et Son Altesse Sérénissime le Duc de Brunswick, en costume de hussard.

Les portes s'ouvrirent en dernier pour le Corps diplomatique, tout brillant de ses uniformes variés, et en tête duquel se distinguait son Président, Son Excellence le Nonce Apostolique du Saint-Siége, M. Garibaldi, Archevêque de Myre, en soutane violette. Aux Ministres étrangers vinrent se joindre les Ministres plénipotentiaires de Sa Majesté, présents à Paris, qui, la veille, avaient figuré dans le salon de l'Empe-

---

[1] MM. le Baron de Rottembourg, le Comte de Morny, le Comte Barrois, le Vice-Amiral Bergeret, le Général Comte Cavaignac, le Comte de Lalaing d'Audenarde, le Vice-Amiral Baron Hugon, le Général Baron Achard et le Comte Schramm, Grand'-Croix ;

MM. le Vice-Amiral Grivel, le Vice-Amiral Dupetit-Thouars, le Général Vicomte Vallin, le Général Baron de Feuchères, le Général Baron de Saint-Joseph, le Général Janin, le Général Lebreton, le Général Comte de la Grange, le Général de Bar, le Général Comte de Girardin, le Général Baron Rémond, le Général Bougenel, le Général Hecquet, Grands Officiers.

reur, au Mariage civil, et trois Ministres plénipotentiaires en disponibilité[1].

A ce moment, le Clergé commença à entrer par le chœur. Les Chapelains de Sainte-Geneviève, les Curés de Paris, les Chanoines honoraires de Paris et le Chapitre Impérial de Saint-Denis, en habit de chœur d'hiver, prirent leurs places; puis parurent les cinq Cardinaux français.

Leurs Éminences, la barrette à la main, étaient, selon l'usage de l'Église de France, revêtus du rochet et de la mosette, par-dessus la soutane rouge, à l'exception du Cardinal de Reims, qui, seul au milieu de ses collègues, portait, *more romano*, la *mantelletta* par-dessus le rochet.

Entrèrent ensuite et prirent siége derrière Leurs Éminences, dans l'ordre de leur nomination, Leurs Grandeurs :

M. Morlot, Archevêque de Tours, élevé, depuis, à la dignité de Cardinal;

M. Casanelli d'Istria, Évêque d'Ajaccio ;

M. Parisis, Évêque d'Arras;

M. Gros, Évêque de Versailles;

M. Dufêtre, Évêque de Nevers;

M. de Bonnechose, Évêque de Carcassonne;

M. Cœur, Évêque de Troyes;

M. de Salinis, Évêque d'Amiens;

Deux Évêques d'Amérique, savoir :

M. Mullock, Évêque de Terre-Neuve,

Et M. Mac Gill, Évêque de Richmond, aux États-Unis;

M. Daniel, Évêque nommé de Coutances,

Et M. Ginoulhiac, Évêque nommé de Grenoble.

---

[1] MM. le Marquis de Ferrière-Levayer, David et Bourée.

Tous les Évêques portaient le rochet en dentelle sur la soutane violette avec la mosette de même couleur. Seul, l'Évêque de Terre-Neuve était en soutane et mosette grise, comme appartenant à l'Ordre des Franciscains.

Enfin, à midi et demi, entra solennellement la croix du Chapitre métropolitain, en tête des Chanoines titulaires, couverts des chapes de drap d'or données à l'Église Notre-Dame par l'Empereur Napoléon Ier, à l'occasion de son Sacre. Immédiatement ensuite parut Sa Grandeur M. l'Archevêque de Paris, mitre en tête, crosse à la main, et revêtu de la chape archiépiscopale. Devant l'Archevêque marchaient ses Porte-Insignes. A ses côtés, M. Buquet, Archidiacre de Notre-Dame et Président du Chapitre, et M. Surat, Archidiacre de Sainte-Geneviève, tenaient chacun un pan de la chape.

Arrivé devant l'autel, l'Archevêque s'inclina, puis se tournant vers les Cardinaux et les Évêques, il échangea avec eux un salut, et alla s'asseoir vis-à-vis, sur son fauteuil, attendant le signal de la venue de l'Empereur.

CORTÈGE DE LEURS MAJESTÉS.

ARRIVÉE DE L'IMPÉRATRICE AUX TUILERIES.

Pendant que les invités remplissaient le vaisseau de la Métropole, une escorte d'honneur allait chercher l'Impératrice au Palais de l'Élysée. A onze heures du matin, Son Excellence le Grand Maître de la Maison de l'Impératrice, assisté du Premier Chambellan de l'Impératrice, conduisit Sa Majesté au

Palais des Tuileries avec deux voitures de la Cour, attelées de deux chevaux.

Un grand concours de curieux était depuis longtemps rassemblé pour assister au départ de l'Impératrice.

En tête du Cortège venaient les voitures particulières du Chambellan de l'Impératrice[1] et des Dames du Palais[2].

Suivait une voiture de la Cour où étaient la Dame d'honneur et le Premier Chambellan de l'Impératrice et la Dame d'honneur de Son Excellence Madame la Comtesse de Montijo[3].

Venait ensuite une seconde voiture de la Cour, précédée d'un piqueur, suivie de deux garçons d'attelage et montée de deux valets de pied, en grande livrée ; cette voiture avait reçu

L'IMPÉRATRICE

et Son Excellence Madame la Comtesse de Montijo, assise à la gauche de Sa Majesté.

Sur le devant, Son Excellence M. le Grand Maître de la Maison de l'Impératrice, cédant la droite à Son Excellence Madame la Grande Maîtresse.

A la portière de droite, était à cheval l'Écuyer de l'Impératrice; à la portière de gauche, l'Officier commandant le peloton de cavalerie d'escorte.

Le cortége suivit la rue du Faubourg-Saint-Honoré et la rue

[1] M. le Vicomte de Lezay-Marnésia.
[2] Madame la Comtesse de Montebello, Madame la Comtesse Féray d'Isly, Madame la Vicomtesse de Lezay-Marnésia, Madame la Baronne de Pierres, Madame la Baronne de Malaret, née de Ségur; Madame la Marquise de Las Marismas et Madame la Marquise de Latour-Maubourg, née de Trévise.
[3] Madame la Vicomtesse de La Coussaye.

Royale, traversa la place de la Concorde et, remontant le quai des Tuileries, entra dans la cour du Palais par la place du Carrousel et la grille du pavillon de Flore, pour s'arrêter au pavillon de l'Horloge.

Les officiers et les étendards saluaient, les sous-officiers et les soldats présentaient les armes, trompettes sonnant la marche, tambours battant aux champs.

Son Excellence M. le Grand Chambellan,

Son Excellence M. le Grand Écuyer,

Son Excellence M. le Grand Maître des Cérémonies;

Le Premier Chambellan,

Le Premier Préfet du Palais,

Le Premier Écuyer,

Trois Chambellans de service extraordinaire[1],

Deux Officiers d'ordonnance de service[2],

reçurent l'Impératrice à la porte du pavillon de l'Horloge.

Leurs Altesses Impériales le Prince Napoléon et Madame la Princesse Mathilde attendaient Sa Majesté au bas du grand escalier.

Le cortége monta le grand escalier pour se rendre au salon de l'Empereur dans l'ordre suivant :

Les Officiers d'ordonnance,

Le Premier Préfet du Palais,

Le Premier Chambellan de l'Empereur,

Le Grand Maître des cérémonies et le Grand Écuyer, marchant de front, le premier à gauche;

Le Grand Chambellan de l'Empereur,

---

[1] MM. le Marquis de Belmont, le Comte Félix d'Arjuzon et le Marquis de Gricourt.

[2] M. le Baron de Méneval et M. Merle.

Son Altesse Impériale le Prince Napoléon,
Son Altesse Impériale Madame la Princesse Mathilde,

L'Impératrice,

Son Excellence Madame la Comtesse de Montijo,
Le Grand Maître de la Maison de l'Impératrice, donnant la
droite à la Grande Maîtresse,
   La Dame d'honneur de l'Impératrice,
   Les Dames du Palais de l'Impératrice,
   Le Premier Chambellan de l'Impératrice,
   La Dame d'honneur de Son Excellence Madame la Comtesse
de Montijo,
   L'Écuyer de l'Impératrice,
   Les Chambellans de l'Empereur.

Averti de l'arrivée du cortége par un Officier d'ordonnance
de semaine, l'Empereur, accompagné de Son Altesse Impériale
le Prince Jérôme-Napoléon, des Ministres, du Grand Maréchal
du Palais, du Grand Veneur et des Officiers de la Maison civile et militaire, s'avança au-devant de l'Impératrice, hors du
salon de Famille, et, prenant la droite, La conduisit dans ce
salon.

Toutes les personnes composant le Cortége, après avoir es-
corté Leurs Majestés jusqu'à la porte du salon de Famille, se di-
visèrent. Celles à qui leur rang donnait le droit d'y pénétrer
allèrent s'y grouper à distance respectueuse de Leurs Majestés;
les autres attendirent dans les salles dont le cérémonial leur
ouvrait l'entrée, et s'échelonnèrent avec les autres Officiers de
la Couronne qui devaient concourir au grand Cortége de l'Empereur se rendant à la Métropole.

Les Maîtres des Cérémonies et les Aides n'avaient point fait partie du premier cortége, ayant dû se trouver de grand matin à la Cathédrale, pour y présider aux dernières dispositions d'ordre à prendre et diriger le placement des invités. Le Grand Maître des Cérémonies s'y était transporté lui-même, dans la matinée, pour donner en personne ses dernières directions.

CORTÉGE DE LEURS MAJESTÉS POUR SE RENDRE A NOTRE-DAME.

A peine l'Impératrice était-elle arrivée de l'Élysée aux Tuileries, que l'Empereur, paraissant avec elle au balcon du pavillon de l'Horloge, La présentait aux troupes stationnées dans la cour du Château, et à la foule qui se pressait aux grilles du Carrousel. Une explosion de cris de : *Vive l'Empereur! vive l'Impératrice!* répondait aux saluts de Leurs Majestés.

Une température plus douce et un ciel plus pur que ne le comportait la saison semblaient d'accord avec le sentiment public, et favorisaient la cérémonie. Dès huit heures du matin, tout Paris avait pris un air de fête. Les fenêtres du Louvre étaient garnies de dames élégantes, munies de billets. Les maisons habitées étaient inondées de curieux, à la fois spectacle et spectateurs; et la charité s'alliant à l'industrie particulière, quelques hôtels de la rue de Rivoli avaient été loués au profit des pauvres. Au dehors, une foule empressée et sympathique que versaient à flots la ville, la campagne et la province, et que multipliait incessamment l'affluence des étrangers, s'étendait sur toute la ligne de parcours du Cortége impérial, ajoutant par sa masse imposante et animée à l'intérêt du spectacle qui se préparait. Les abords de la Cathédrale surtout étaient obstrués d'hommes, de femmes et d'enfants. Et cependant, malgré ce concours extraordinaire, on n'a cité, le soir, aucun mouvement de la foule qui, dans cette journée mémorable, ait pu causer la moindre alarme; on n'a rapporté aucun accident qui ait attristé la fête, tant la discipline patiente des soldats se trouva d'accord avec l'empressement et la curiosité des citoyens! tant M. le Préfet de police [1], partout à la fois invisible et présent, avait épuisé les précautions de prudence, d'ordre et de sûreté!

Midi sonna, le canon se fit entendre, et le Cortége Impérial partit des Tuileries dans l'ordre suivant :

La Musique du 7ᵉ régiment de lanciers,

Un Escadron de la Garde nationale à cheval,

L'État-Major de la Garde nationale,

Un Escadron du 7ᵉ régiment de lanciers,

Le Général de division Korte, remplaçant S. Exc. le Maréchal de l'Empire commandant en chef, appelé à escorter de sa personne la voiture de l'Empereur;

L'État-Major de l'Armée de Paris et de la 1ʳᵉ division militaire,

Les Fonctionnaires de l'Intendance,

Le Général Courand, commandant la place de Paris et la subdivision de la Seine;

L'État-Major de la place de Paris,

Le Général Rolin, commandant l'École Impériale d'État-Major et un peloton de cette École;

---

[1] M. Pietri.

Le 7ᵉ régiment de lanciers,

La Musique du 2ᵉ régiment de dragons,

Le Général Partouneaux, commandant la 1ʳᵉ brigade de cavalerie;

Trois Escadrons du 12ᵉ régiment de dragons,

Les voitures des Officiers de la Maison de Son Altesse Impériale le Prince Jérôme-Napoléon[1],

La voiture des Aides de camp de Son Altesse Impériale le Prince Napoléon[2],

Une voiture pour les personnes attachées à la Maison de Son Altesse Impériale Madame la Princesse Mathilde[3],

Les voitures des Dames du Palais de l'Impératrice,

Une voiture du Grand Maître et du Premier Chambellan de l'Impératrice,

Les voitures d'Officiers civils et militaires de l'Empereur[4],

Les voitures des Ministres et Secrétaires d'État.

Suivaient :

Un escadron de guides;

La voiture de M. le Comte Félix Baciocchi, Premier Chambellan de l'Empereur;

---

[1] MM. le Baron de Plancy, Premier Écuyer; le Général de Ricard, Premier Aide de camp; le Vicomte de Prébois, Chef d'escadron d'État-Major; le Baron Ducasse, Capitaine d'État-Major; Renault, Lieutenant-Colonel d'État-Major; de Larminat, Capitaine de frégate; de Chauny, Chef d'escadron d'État-Major, Aide de camp; le Baron de Stœlting, Secrétaire des commandements, et Varcollier, Intendant général.

[2] MM. le Capitaine d'État-Major Ferri-Pisani, le Capitaine de chasseurs à pied Roux et le lieutenant David.

[3] Madame la Comtesse de Gouy, Madame la Comtesse de Ratomska, Madame la Baronne de Serlay, Dames d'honneur, et M. le Comte de Ratomski, Secrétaire des commandements.

[4] M. le Vicomte Olivier de Walsh, Chambellan de service ordinaire; MM. le Marquis de Belmont, le Comte d'Arjuzon, le Marquis de Gricourt, Chambellans de service ex-

Trois voitures de la Cour attelées de six chevaux et précédées de quatre piqueurs marchant de front.

Dans la première :

Le Maréchal de l'Empire Grand Maréchal du Palais de l'Empereur ;
Le Grand Chambellan de l'Empereur ;
Le Grand Maître des Cérémonies,
Et le Grand Maître de la Maison de l'Impératrice.

Dans la seconde :

Son Altesse Impériale Madame la Princesse Mathilde ;
Son Excellence Madame la Comtesse de Montijo ;
La Grande Maîtresse de la Maison de l'Impératrice et la Dame d'honneur.

Dans la troisième :

Son Altesse Impériale le Prince Jérôme-Napoléon, en uniforme de Maréchal de France, et Son Altesse Impériale le Prince Napoléon en uniforme de Général de division.

(Cette dernière voiture était la même qui, en 1811, avait servi au baptême du Roi de Rome.)

Venaient ensuite à cheval les Officiers généraux non pour-

---

traordinaire ; le Duc de Tarente, le Comte de Chaumont-Quitry, le Comte Rodolphe d'Ornano, le Commandeur de Fonville, Chambellans ;

Le Commandant Lambert, le Marquis de La Tour-Maubourg et le Baron de Laage, Veneurs ;

Les Barons de Varaigne et de Montbrun, Préfets du Palais ;

Le Baron Henry de Morio de Lisle, Maréchal des logis du Palais ;

Le Docteur Conneau, Chef du service de santé de l'Empereur et Directeur du bureau de secours ; le Docteur Jobert de Lamballe, Premier Chirurgien ; le Docteur Andral, Médecin, et le Baron Larrey, Chirurgien de l'Empereur.

7.

vus de commandement, en grand uniforme, harnachement de grande tenue[1];

Après eux marchaient quatre piqueurs de front, devançant de quelques pas le groupe à cheval des Aides de camp de l'Empereur[2], chacun dans le costume de son corps;

Enfin, dans la voiture de Mariage, attelée de huit chevaux alezan clair, s'avançaient lentement, à travers les cordons de troupes et les flots d'une population innombrable,

L'EMPEREUR,

L'IMPÉRATRICE,

seuls; l'Empereur tenant la droite, en uniforme de Général en chef, bottes à l'écuyère, avec le grand collier de la Légion d'honneur que Napoléon portait le jour de son Sacre, et le collier de la Toison d'or qui avait appartenu à l'Empereur Charles-Quint. L'Empereur portait en outre sur la poitrine la médaille militaire dont Il est le fondateur.

---

[1] Ils n'étaient suivis d'aucun domestique ni cavalier d'ordonnance, des hommes non montés ayant été postés sur la place du Parvis pour garder leurs chevaux pendant la cérémonie.

Parmi ces Généraux, on remarquait MM. le Général de division Comte de La Rue, le Général Peyssard, le Général Niel, le Général Mangin, le Général Fontaine, le Général Rébillot.

[2] MM. le Général de division Comte Roguet, le Général Comte de Goyon, le Général Comte Gustave de Montebello, le Général Comte Vaudrey, Gouverneur des Palais; le Général de Lourmel, le Général Espinasse, le Colonel du génie Baron de Béville, Premier Préfet du Palais; le Colonel de hussards Edgar Ney, Capitaine des chasses de l'Empereur, et le Colonel des guides, Fleury, Premier Écuyer.

Celui-ci était le plus souvent à la portière de gauche du carrosse impérial, pour surveiller, suivant le devoir de sa charge, la marche des voitures de Cortége. C'est à lui qu'avait été due, en huit jours, toute l'organisation du service des voitures impériales du Cortége, improvisation réelle comme l'ornementation de l'Église.

L'Impératrice avait le front ceint d'un diadème de diamants et de saphirs, mêlés de fleurs d'oranger. Au diadème se rattachait un long voile d'Angleterre. Sa Majesté était vêtue d'une robe montante à queue, en velours épinglé blanc, recouverte de point d'Angleterre, avec ceinture de diamants et corsage à basques brodées et bordées de diamants et de saphirs.

La voiture impériale, la caisse toute dorée, à six grandes glaces, celle-là même qui, en 1804, avait conduit au Sacre l'Empereur Napoléon Ier et l'Impératrice Joséphine, était surmontée d'une couronne d'or. Sur les portières, des anges peints soutenaient un écusson aux initiales N. E. Les huit chevaux, empanachés de plumes blanches, couverts de riches harnais en maroquin rouge, que relevaient des appliques d'or, étaient conduits à la main par autant de valets de pied. Piqueurs, cochers, valets de pied portaient la grande livrée verte et or avec culotte rouge et chapeau garni de plumes blanches et vertes.

A la portière de droite de la voiture étaient à cheval :

Le Grand Écuyer de l'Empereur,

Et le Général de division Commandant supérieur de la garde nationale de la Seine [1] ;

A la portière de gauche :

Le Maréchal de l'Empire Grand Veneur ;

Et l'Aide de camp de service [2].

A l'arrivée de la voiture impériale éclataient du sein de la foule des acclamations sympathiques qui s'annonçaient au loin par de longues rumeurs et gagnaient de proche en proche.

[1] M. le Marquis de Lawœstine, Sénateur.
[2] M. le Général de division Canrobert.

La voiture était suivie par les Officiers d'ordonnance de l'Empereur, chacun dans l'uniforme de son corps [1].

En ailes, à droite et à gauche des Officiers d'ordonnance, étaient les Écuyers de l'Empereur[2] et l'Écuyer de l'Impératrice.

Ce groupe était suivi d'un second escadron de guides.

Venait ensuite la Musique du 6e régiment de cuirassiers;

Puis, un escadron du même régiment;

Le Général de brigade d'Allonville, commandant les deux brigades de cavalerie de réserve;

L'état-major de la division de cavalerie;

Le 6e et le 7e régiment de cuirassiers;

Le général de brigade Féray, commandant la brigade de carabiniers;

Le 1er et le 2e régiment de carabiniers;

Un escadron de la gendarmerie de la Seine;

Un escadron de la garde à cheval de Paris.

Chacune des voitures et chacun des détachements observaient entre eux une certaine distance pour le plus grand ordre du cortége.

---

[1] MM. le Capitaine de frégate Comte Exelmans: le Marquis de Toulongeon, Chef d'escadron d'État-Major, Veneur; le Comte Lepic, Chef d'escadron d'État-Major, Maréchal des logis du Palais de l'Empereur; Favé, Commandant d'artillerie; le Baron de Méneval, Commandant d'artillerie, Préfet du Palais; le Baron Petit, Capitaine de lanciers; de Cambriels, Capitaine de chasseurs à pied; Merle, Capitaine d'infanterie, Préfet du Palais; le Baron de Berkheim, Capitaine d'artillerie; le Baron Tascher de La Pagerie, Capitaine d'infanterie de marine, Maréchal des logis du Palais, et le Prince Édouard de La Tour d'Auvergne, Lieutenant d'infanterie.

[2] MM. le Comte de Romans, Capitaine des guides; le Marquis de Puységur, le Vicomte d'Aure et Bachon.

Un intervalle plus considérable était laissé devant et derrière la voiture de Leurs Majestés.

Le Cortége sortit des Tuileries,
Par l'Arc de Triomphe,
Prit la place du Carrousel,
La cour du Louvre,
La rue des Fossés-Saint-Germain-l'Auxerrois,
La rue de Rivoli,
La place de l'Hôtel-de-Ville,
Le quai Le Pelletier,
Le pont Notre-Dame,
Le quai Napoléon,
La rue d'Arcole,
Et arriva, un peu avant une heure, au Parvis Notre-Dame.

Au moment de son passage près la place Saint-Germain-l'Auxerrois, Paroisse Impériale, Sa Majesté trouva réuni le Clergé de l'église, qui lui offrit l'encens.

Cet incident n'arrêta qu'un instant la marche de l'Empereur.

Le Général Renault, placé à la droite de sa division au débouché du pont Notre-Dame, y reçut le Cortége Impérial et accompagna la voiture de l'Empereur jusqu'à l'Église métropolitaine.

Arrivé à la place du Parvis, le Cortége se divisa : la cavalerie, au lieu de pénétrer sur la place même, se replia pour se former en colonne dans les rues latérales, et les voitures seules entrèrent sur la place.

A mesure qu'elles avaient déposé sous le porche les personnes qu'elles contenaient, les voitures se retiraient sur les côtés de la place. Celles de la Maison Impériale, celles des Princes Impériaux et de Madame. la Princesse Mathilde restèrent au milieu avec la voiture du Mariage.

ARRIVÉE DU CORTÉGE À NOTRE-DAME.

Averti par le bruit des tambours battant aux champs, et par les sons du bourdon, de l'approche de Leurs Majestés, M. l'Archevêque de Paris, précédé du Chapitre métropolitain et de la croix archiépiscopale, se dirigea processionnellement, la mitre en tête et la crosse à la main, vers le grand portail, pour y recevoir Leurs Majestés sous un dais, et leur présenter la croix à baiser, l'eau bénite et l'encens. Devant M. l'Archevêque, un Chanoine Archiprêtre de Notre-Dame [1] portait la relique de la vraie croix. Derrière, deux jeunes Chanoines honoraires de Paris tenaient les coussins empruntés aux prie-Dieu de l'Empereur et de l'Impératrice, pour les offrir à Leurs Majestés à leur entrée dans l'Église [2].

La grande porte s'ouvrit : les premières personnes formant le cortége de l'Empereur parurent; les Maîtres des Cérémonies se tenaient de chaque côté de la porte, en dedans, avec les Aides, pour indiquer à chacun la place qui lui était destinée.

Les Officiers de la Maison civile de l'Empereur dans leurs nouveaux costumes : les Chambellans en habit écarlate brodé d'or, avec la clef d'or au côté; les Préfets du Palais en habit brodé amarante; les Écuyers en habit brodé vert avec l'aiguil-

[1] M. l'Abbé Le Courtier.
[2] Ces Chanoines, MM. Fabre et Castan, étaient les neveux du saint Archevêque de Paris feu M. Affre. Cette parenté avec une si glorieuse victime de nos discordes politiques leur avait valu cet honneur.

lette, les Maîtres et Aides des Cérémonies en habit brodé violet
allèrent, ainsi que les Officiers des Princes, se placer au bout
de la nef, formant la haie contre les premières tribunes, pour
livrer passage à Leurs Majestés et au reste du Cortége.

Quand la voiture impériale s'arrêta sous le porche, le Premier Écuyer de l'Empereur était à la tête des chevaux, et M. le
Maréchal de l'Empire Grand Écuyer, à la portière pour assister, avec les autres Grands Officiers de l'Empereur et de
l'Impératrice, Leurs Majestés descendant de carrosse.

Alors, l'Empereur, tenant la droite, et donnant la main à
l'Impératrice, fit son entrée dans la Basilique, par la droite
de la porte d'honneur, qu'un pilier sépare en deux.

A ce moment, l'assemblée entière se leva d'un mouvement
commun, et toutes les masses vocales et instrumentales de
l'orchestre éclatèrent en une fanfare d'un caractère large et
pompeux, qui produisit l'effet le plus saisissant [1].

M. l'Archevêque reçut Leurs Majestés pontificalement et Les
fit placer sous le dais d'honneur de velours rouge doublé de
satin blanc. Incontinent, les deux chanoines honoraires mirent
les carreaux aux pieds de Leurs Majestés, qui s'agenouillèrent,
adorèrent la vraie Croix, que leur présenta le Prélat, reçurent,
en se relevant, l'eau bénite et l'encens, et se mirent en marche
sous le dais jusqu'à l'estrade du Trône.

Le dais était porté par trois Chanoines honoraires de Paris,
Vicaires Généraux de l'Archevêque [2], et par un Chanoine honoraire de Paris, curé de Sainte-Élisabeth [3].

---

[1] C'était la marche triomphale de Schneitzhoeffer, dans laquelle dominent les instru-
ments de cuivre.
[2] MM. les Abbés Sibour, de La Bouillerie et Beautain.
[3] M. l'Abbé Jousselin.

8

Le Cortége du groupe Impérial, ouvert par les Ministres et les Grands Officiers de la Couronne, que suivaient Son Excellence Madame la Comtesse de Montijo, Son Altesse Impériale Madame la Princesse Mathilde, Leurs Altesses Impériales le Prince Napoléon et le Prince Jérôme-Napoléon, défila vers le chœur.

Les deux Chanoines honoraires, porteurs des carreaux, les replacèrent aux prie-Dieu de l'Empereur et de l'Impératrice, et Leurs Majestés montèrent sur l'estrade, l'Impératrice à la gauche de l'Empereur.

Alors, M. l'Archevêque, se dirigeant vers l'autel, se retourna vers Leurs Majestés, et les salua, tandis qu'Elles étaient encensées par des enfants de chœur.

Pendant ce temps, se plaçaient à leurs siéges réservés Leurs Altesses Impériales les Princes Impériaux et Madame la Princesse Mathilde, Son Excellence Madame la Comtesse de Montijo, le service de l'Impératrice et de la Princesse, ainsi que Leurs Excellences les Ministres Secrétaires d'État et Leurs Excellences les Grands Officiers de l'Empereur.

Leurs Excellences les Maréchaux de l'Empire Comte Vaillant, de Saint-Arnaud et Magnan, le bâton de maréchal à la main, se mirent derrière l'Empereur en leur qualité de Grands Officiers de la Couronne;

Tandis que Leurs Excellences M. le Maréchal Comte Reille, M. l'Amiral Baron de Mackau et M. le Maréchal Comte de Castellane, arrivé le matin même de son commandement de Lyon, se placèrent avec M. le Général de division Comte d'Ornano, Grand Chancelier de l'Ordre impérial de la Légion d'honneur, à leur banquette de gauche avec l'Ambassadeur de Sa Majesté en Angleterre, présent à Paris.

M. l'Amiral Baron Roussin et M. le Maréchal Comte Harispe étaient absents, pour cause de santé.

Les Aides de camp et les Officiers d'ordonnance de l'Empereur se tinrent derrière M. le Maréchal de l'Empire Grand Maréchal du Palais;

Les Aides de camp de LL. AA. II., derrière Leurs Altesses.

Toute la Maison civile et militaire de l'Empereur, de même que la Maison des Princes, demeura debout pendant toute la durée de la cérémonie [1].

Son Excellence M. le Grand Maître des Cérémonies se mit à droite de l'estrade impériale, ayant un peu devant lui, à droite, l'un des Maîtres des cérémonies, Introducteur des Ambassadeurs [2], et plus loin un Aide des Cérémonies, Secrétaire à la conduite des Ambassadeurs [3].

Sur une ligne parallèle, l'autre Maître [4] et l'autre Aide [5] allèrent se placer à la gauche de l'estrade.

Le Premier Aumônier de l'Empereur, revêtu du rochet et de la *cappa magna*, occupait son siége derrière le Grand Maître, et tenait le livre de prières de l'Empereur, pour le lui remettre au commencement de la Sainte Messe [6].

---

[1] Derrière la Maison militaire de l'Empereur étaient placés MM. Mocquard, Chef du Cabinet de Sa Majesté; Albert de Dalmas, Sous-Chef du Cabinet; Bure, Trésorier général de l'Empereur; Lefebvre-Deumier, Bibliothécaire de l'Élysée, chargé des Beaux-Arts; Maigne, Secrétaire général du service du Grand Maréchal du Palais, et Peupin, Sous-Directeur du Bureau des secours.

[2] M. le Baron Feuillet de Conches.

[3] M. le Baron de La Jus.

[4] M. le Baron de Châteaubourg.

[5] M. Lecoq.

[6] Ce livre était manuscrit, relié en velours vert aux armes impériales.

Le livre de prières de l'Impératrice était aux mains de Madame la Grande Maîtresse [1];

Le Chambellan de semaine tenait le chapeau de l'Empereur.

CÉRÉMONIE DU MARIAGE.

Tout le Cortége étant en séance, M. l'Archevêque officiant, averti par le Grand Maître des Cérémonies, salua Leurs Majestés.

De son côté, le Grand Maître prévint, par un double salut, l'Empereur et l'Impératrice, et la cérémonie du Mariage commença.

Le Prélat, arrivé au pied de l'Autel, fit le signe de la croix, couvert de sa mitre, en disant :

« Au nom du Père, et du Fils, et du Saint-Esprit. Ainsi soit-il. »

A ces mots, Leurs Majestés, descendant du Trône et montant les cinq marches de l'Autel, se placèrent debout devant l'Officiant, qui leur dit, en les interrogeant :

« Vous vous présentez ici pour contracter mariage en face de la Sainte Église ? »

« Oui, Monsieur. »

« Vous faites profession de la foi et religion Catholique, Apostolique et Romaine ? »

« Oui, Monsieur. »

---

[1] C'était un riche manuscrit recouvert de velours blanc à fermoir d'argent ciselé, portant, d'un côté, une aigle en champ de gueules, couronnée en diamants; de l'autre côté, le chiffre de Sa Majesté, également en champ de gueules et surmonté, comme l'aigle, d'une couronne de diamants.

Pendant ces questions et ces réponses, le Premier Aumônier de l'Empereur se détacha, précédé du Maître des Cérémonies placé à droite, pour aller mettre, dans le plateau d'argent posé sur l'Autel, l'anneau et la pièce de mariage, et les présenta à l'Archevêque officiant [1].

Alors, l'Archevêque se tournant vers l'Autel quitta sa mitre, bénit l'alliance et la pièce en prononçant les oraisons consacrées.

Après la bénédiction, l'Archevêque officiant jeta de l'eau bénite sur la pièce et sur l'anneau en figurant le signe de la croix, reprit la mitre, et avertit Leurs Majestés de se donner la main droite. L'Empereur alors ôta ses gants et les remit au Grand Chambellan, qui l'avait suivi. L'Impératrice ôta les siens et les remit à sa Dame d'honneur, placée derrière elle.

S'adressant à l'Empereur, l'Officiant lui dit :

« Sire, vous déclarez, reconnaissez et jurez devant Dieu, et en face de Sa Sainte Église, que vous prenez maintenant pour votre femme et légitime épouse Madame Eugénie de Montijo, Comtesse de Teba, ici présente ? »

L'Empereur répondit :

« Oui, Monsieur, je le jure. »

« Vous promettez et jurez de lui garder fidélité en toute chose, comme un fidèle époux le doit à son épouse, selon le commandement de Dieu ?

« Oui, Monsieur. »

---

[1] L'anneau était en or mat, large et uni ;

La pièce de mariage en or massif, à tranche incrustée de diamants ; sur la face, le chiffre en diamants de Napoléon III et celui de l'Impératrice, entrelacés ; sur le revers, la date du mariage de Leurs Majestés, également écrite en diamants.

Il interpella ensuite l'Impératrice de la même manière, et lui dit :

« Et vous, Madame, vous déclarez, reconnaissez et jurez aussi devant Dieu, et en face de Sa Sainte Église, que vous prenez maintenant pour votre mari et légitime époux l'Empereur Napoléon III, ici présent ? »

L'Impératrice répondit :

« Oui, Monsieur. »

« Vous promettez et jurez de lui garder fidélité en toute chose, comme une fidèle épouse le doit à son époux, selon le commandement de Dieu ? »

« Oui, Monsieur. »

Le Prélat prit alors dans le plateau la pièce de mariage, qu'il donna à l'Empereur.

Sa Majesté la mit dans la main droite de l'Impératrice, en prononçant ces paroles :

« Recevez ce signe des conventions matrimoniales faites entre vous et moi. »

Ensuite l'Archevêque présenta l'anneau nuptial à l'Empereur, qui le passa au doigt annulaire de la main gauche de l'Impératrice en disant :

« Je vous donne cet anneau en signe du Mariage que nous contractons. »

A ce moment, le Prélat quitta la mitre, fit le signe de la croix sur la main de l'Impératrice, en disant :

« *In nomine Patris, et Filii, et Spiritûs Sancti.* »

Étendant aussitôt la main sur les Époux, qui se mirent à genoux en se donnant encore la main droite, il prononça d'un ton de voix plus élevé la formule sacramentale :

« *Deus Abraham et Deus Isaac, et Deus Jacob ipse vos conjungat.* »

Puis, joignant les mains, il dit :

« *Dominus vobiscum.* »

Pendant ces prières, M. le Vicaire Général Maître des Cérémonies du Clergé [1] reçut le plateau des mains du Premier Aumônier Impérial, alla le remettre sur l'Autel, et, précédé du Maître des Cérémonies de l'Empereur placé à droite, reconduisit à son siége le Premier Aumônier de Sa Majesté.

Après l'Évangile, celui-ci, précédé d'un Maître et d'un Aide des Cérémonies de l'Empereur, se rendit à l'Autel, reçut des mains du Vicaire général Maître des Cérémonies du Clergé le livre de l'Évangile, et le porta à baiser à Leurs Majestés.

Après l'Offertoire, l'Officiant, ayant à sa droite et à sa gauche ses Assistants, s'assit sur son fauteuil, placé devant l'Autel.

Dans ce même moment, après avoir salué l'Autel, l'Aide des Cérémonies placé du côté de l'Empereur salua Sa Majesté et le Prince Napoléon, désigné pour porter les honneurs de l'Empereur.

L'Aide placé à gauche salua de même l'Autel, puis l'Impératrice, et, décrivant un demi-cercle derrière le Trône, vint saluer et avertir Madame la Princesse Mathilde, désignée pour porter les honneurs de l'Impératrice.

[1] M. l'Abbé Eglée, Chanoine titulaire de Paris. C'est lui qui avait organisé le cérémonial ecclésiastique dont les pompes et le bel ordre furent dignes de la grandeur de la circonstance.

Prenant ensuite, chacun de son côté, un des cierges destinés pour les offrandes de Leurs Majestés, les Aides allèrent s'agenouiller, cierge en main, à droite et à gauche, sur la première marche de l'Autel.

A son tour, le grand Maître des Cérémonies avertit par un salut l'Empereur et l'Impératrice, pour que Leurs Majestés se rendissent à l'Offrande.

Alors l'Empereur, précédé du grand Maître des Cérémonies, du grand Chambellan, du grand Écuyer et du Prince chargé des honneurs de l'Empereur, s'avança vers l'Autel et en monta les degrés, suivi du grand Maréchal du Palais.

L'Impératrice fit simultanément le même mouvement, précédée du Maître des Cérémonies placé à sa gauche, et accompagnée de Son Altesse Impériale Madame la Princesse Mathilde, de la grande Maîtresse et de la Dame d'honneur.

Aussitôt les Aides agenouillés remirent les cierges au grand Maître, qui les présenta successivement à Leurs Altesses Impériales le Prince Napoléon et Madame la Princesse Mathilde.

Les Aides se relevèrent.

Le Prince, s'agenouillant à son tour, remit son cierge à l'Empereur.

La Princesse, également agenouillée, remit l'autre à l'Impératrice.

Leurs Majestés, à genoux, les remirent à l'Officiant,

Et, saluant l'Autel et le Prélat, retournèrent au Trône, après avoir reçu la bénédiction de l'Archevêque.

Pendant cette cérémonie, le grand Maître se tenait debout, à la droite de l'Empereur, au pied de l'Autel;

Les Maîtres, sur la troisième marche;

Les Aides, sur la première.

Chacun d'eux reprit sa place, après avoir salué l'Autel, avant que Leurs Majestés en descendissent.

Après le *Pater,* Leurs Majestés, averties par le grand Maître des Cérémonies, retournèrent au pied de l'Autel et s'y mirent à genoux sur les carreaux apportés par les neveux de M. Affre, pour recevoir la bénédiction des Époux. M. le premier Aumônier, placé à droite, et M. l'Évêque de Versailles, à gauche, étendirent sur la tête de Leurs Majestés un poêle de brocart d'argent frangé d'or, et le tinrent ainsi étendu durant l'Oraison *Propitiare, Domine, etc.* et la Préface, qui la suit.

La Préface étant terminée, l'Archevêque officiant jeta de l'eau bénite sur les Époux et continua la Messe, pendant que Leurs Majestés retournèrent à leurs fauteuils.

L'Impératrice entendit presque tout l'Office à genoux.

Après l'*Ite missa est,* l'Empereur et l'Impératrice se mirent à genoux, et l'Officiant, mitre en tête, la crosse dans la main gauche, se tourna du côté des Époux et récita à haute voix la prière qui termine la cérémonie du mariage :

Deus Abraham, Deus Isaac et Deus Jacob sit vobiscum...

Enfin M. l'Archevêque, après avoir entonné le *Te Deum,* qui fut continué par l'orchestre, alla présenter le CORPORAL à baiser à Leurs Majestés, en leur disant :

« Ceci est un privilége de la Couronne de France. »

SIGNATURE DE L'ACTE DE MARIAGE.

Durant l'exécution du *Te Deum,* M. l'Archevêque, accompagné du Curé de Saint-Germain-l'Auxerrois[1], s'approcha de-

[1] M. l'Abbé Le Grand.

9

vant le prie-Dieu de l'Empereur et de l'Impératrice, et présenta à la signature de Leurs Majestés les registres préparés et reliés *ad hoc*, et où était consigné l'acte du Mariage religieux.

Les registres furent déposés ensuite à la droite de l'Empereur, en avant et entre le banc des Ministres et celui du Clergé, sur une table couverte d'un tapis blanc, près de laquelle se tinrent le Curé de Saint-Germain-l'Auxerrois et le premier Vicaire de cette paroisse, garde des registres matrimoniaux [1].

Leurs Altesses Impériales le Prince Jérôme-Napoléon et le Prince Napoléon signèrent comme témoins de l'Empereur, avec Son Altesse Impériale Madame la Princesse Mathilde, Son Excellence Madame la Comtesse de Montijo, M. le Marquis de Valdegamas, Ministre de Sa Majesté Catholique, et les quatre Témoins de l'Impératrice.

Pendant ce temps, les cinq cents chanteurs et instrumentistes conduits par M. Girard, chef d'orchestre de l'Académie impériale de musique, sous la direction de M. Auber, faisaient retentir les derniers accents du *Te Deum* et de l'*Urbs beata* de Lesueur. Indépendamment de la marche de Schneitzhoeffer, ils avaient exécuté, durant le cours de l'Office divin, le *Credo* et l'*O salutaris* de la messe du Sacre, de Chérubini; le *Sanctus* de la messe de M. Adolphe Adam, et le *Domine salvum* de la liturgie, arrangé pour les voix et pour l'orchestre par M. Auber.

RETOUR DU CORTÉGE.

Vers la fin du *Te Deum*, et lorsque s'achevait la signature de l'Acte de Mariage, les Maîtres et Aides des Cérémonies allèrent avertir successivement toutes les personnes du Cor-

[1] M. l'Abbé Devèze de la Joyeuse.

tége qui devaient marcher devant l'Empereur, comme à l'arrivée.

Le *Te Deum* fini, le Grand Maître des Cérémonies fit un salut à Leurs Majestés, pour les prévenir que la cérémonie était achevée.

Alors les Ministres, les Grands Officiers de la Couronne, les Princes et Princesses, et toutes les autres personnes venues en cortége, se mirent en marche pour reprendre les devants et retrouver leur rang dans le cortége de retour.

Leurs Majestés descendirent du Trône.

M. l'Archevêque et son Chapitre métropolitain Les précédèrent pour Les reconduire processionnellement jusqu'au portail de la Cathédrale avec le même cérémonial que celui de la réception.

Leurs Majestés, arrivées à la Cathédrale à une heure, en sont sorties un peu avant deux heures, au milieu des vives acclamations des troupes et de la population ;

A ce moment, M. le Général Renault, placé à la gauche du 16ᵉ régiment de ligne sur la place du Parvis, avec tout l'État Major de sa division et M. le Colonel Tisserand, commandant la Garde de Paris, assista en bataille à la sortie et au défilé du Cortége, puis se rendit dans la cour des Tuileries au-devant de l'Impératrice, que l'Empereur allait de nouveau présenter aux troupes, à son retour au Palais.

Les troupes formant l'escorte se mirent en marche dans l'ordre inverse à celui du départ, c'est-à-dire, que la cavalerie de réserve forma la tête du cortége, et que la Garde nationale à cheval et la brigade du général Partouneaux fermèrent la marche. Les deux escadrons de guides furent les seuls qui occupèrent la même place qu'au départ des Tuileries.

9·

En sortant du Parvis-Notre-Dame le Cortége suivit

La rue d'Arcole,

Le quai Napoléon,

Le quai aux Fleurs,

Le pont au Change,

Le quai de la Mégisserie,

Le quai de l'École,

Le quai du Louvre,

Le quai des Tuileries,

La place de la Concorde,

pour entrer dans le jardin des Tuileries et descendre sous le pavillon de l'Horloge.

En arrivant à la hauteur des guichets du Carrousel, le général Partouneaux, la Garde nationale à cheval et les troupes de cavalerie, à la tête desquelles il marchait, sont entrés sur la place, puis dans la cour des Tuileries, et là les troupes se sont formées en bataille, faisant face au Palais; la cavalerie de la Garde nationale formant la première ligne, le 7ᵉ de lanciers, la seconde, et le 12ᵉ de dragons, la troisième.

Les Guides continuèrent l'escorte jusque dans la cour des Tuileries, en passant par le jardin et la voûte du pavillon de l'Horloge, et allèrent se placer à la gauche des escadrons de la Garde nationale.

Aussitôt que le Cortége eut pénétré dans le jardin, l'escadron du 7ᵉ lanciers, qui précédait les voitures, est revenu au trot, par le quai, pour prendre sa place de bataille dans la brigade qui occupait la cour des Tuileries.

Les brigades de cavalerie entrèrent dans le jardin, se dirigèrent vers la grande allée du milieu, et, à la hauteur de l'allée du Minotaure, tournèrent à gauche et au trot, pour aller se former en bataille dans l'allée des Orangers qui borde la terrasse, le long de la rue de Rivoli.

A l'entrée de la grande avenue, au rond point du grand bassin, la voiture impériale fut enveloppée par un essaim de jeunes filles des communes de la banlieue, qui attendaient l'Impératrice pour lui offrir des bouquets et des couronnes de fleurs, que Sa Majesté reçut de la façon la plus gracieuse et la plus bienveillante. Les terrasses du bord de l'eau et de la place de la Concorde ainsi que la grande allée, depuis la grille jusqu'au pied du Palais, étaient couvertes de députations de la banlieue et des départements de Seine-et-Oise, de Seine-et-Marne, Maires et Adjoints en tête. Là aussi se pressaient d'innombrables corporations ouvrières et philanthropiques de Paris, des environs et des départements limitrophes. Curieux et piquant spectacle par l'unanimité d'animation enthousiaste des personnes et le contraste éclatant de leurs costumes et de leurs bannières multicolores flottant au vent, chargées d'inscriptions et de légendes.

Avant de rentrer au Palais, l'Empereur parcourut en voiture, avec l'Impératrice, au milieu des acclamations, les rangs des troupes stationnées dans la cour des Tuileries et la place du Carrousel.

Rentrées ensuite dans leurs appartements, Leurs Majestés se présentèrent seules, à plusieurs reprises, aux balcons du côté du jardin et du côté de la cour où se pressait une foule innombrable; et les mêmes acclamations prolongées accueillirent leur présence.

Il était trois heures, quand Leurs Majestés étaient rentrées aux Tuileries.

A quatre heures, Elles étaient parties par la grille du pavillon de Flore, pour le Palais de Saint-Cloud, en voitures attelées de quatre chevaux de poste conduits par des postillons à la livrée impériale, et escortées d'un peloton de carabiniers.

Dans la première voiture, étaient l'Empereur et l'Impératrice seuls, ayant à cheval, à la portière de droite, l'Écuyer de l'Impératrice; à la portière de gauche, l'Officier commandant le détachement.

L'Empereur était en habit de ville; l'Impératrice en chapeau blanc, robe du matin, fourrure d'hermine.

Dans la seconde voiture, étaient Leurs Altesses Impériales le Prince Jérôme-Napoléon, le Prince Napoléon, Madame la Princesse Mathilde et Son Excellence Madame la Comtesse de Montijo.

Dans la troisième, Son Excellence le Grand Maître de la Maison de l'Impératrice, Madame Féray, M. le Comte et Madame la Comtesse Gustave de Montebello.

Dans la quatrième, M. le comte Félix Baciocchi.

Dans la cinquième enfin, Madame la baronne de Pierres, M. le comte Charles Tascher de la Pagerie, M. le docteur Conneau et M. le Baron de Méneval.

Le soir, la cathédrale de Paris, les édifices publics, les théâtres, un grand nombre d'habitations particulières, étaient illuminés; et, comme toujours, l'Hôtel-de-Ville se faisait remarquer par l'élégante richesse de sa décoration au gaz. Toute la rue de Rivoli, y compris la portion nouvellement ouverte, et la rue des Fossés-Saint-Germain-l'Auxerrois jusqu'au Louvre scintillaient de guirlandes lumineuses de toutes les couleurs. Enfin, l'Arc de triomphe du Carrousel était orné d'une splendide illumination.

L'Église de Notre-Dame fut fermée après le Mariage de l'Empereur; mais les décorations en furent conservées pen-dant six jours; et du 31 janvier au 5 février inclusivement, le public fut admis à les visiter.

Le lundi, 7 février, Leurs Majestés revinrent à Paris. Il y eut à neuf heures du soir, aux Tuileries, présentation des Ministres étrangers et des Dames du Corps diplomatique à l'Impératrice. Après la réception, Leurs Majestés se rendirent au Palais du Luxembourg où un grand bal leur avait été offert par le Sénat. A ce bal, où avait été déployée une grande ri-chesse, les hommes étaient en uniforme ou en habit habillé, à cause de la présence de l'Empereur.

Lundi, 7 février.

Le 16 du même mois de février, l'Académie impériale de musique, sous la direction de M. Nestor Roqueplan, offrait une représentation solennelle à l'Empereur et à l'Impératrice, qui y assistèrent entourés de leur Maison, en habit de ville. On donna l'opéra du *Comte Ory,* un acte du ballet d'*Orfa,* des danses et des chansons espagnoles, et une cantate de Madame Waldor, musique de M. Deldevèze et de Madame Lefebvre-Deumier.

Mercredi, 16 février.

Enfin, la représentation fut couronnée par une magnifique décoration de MM. Cambon et Thierry, représentant le Cor-tége du Mariage défilant à son retour de Notre-Dame, et une apothéose impériale du plus grand effet, dont la pensée avait été empruntée à l'apothéose de Louis XIV dans l'opéra-ballet de Persée, par Quinault.

Toutes les fêtes avaient été depuis longtemps devancées par des grâces et des actes de bienfaisance publique. L'Empereur avait gracié trois mille individus choisis parmi ceux qui avaient été l'objet de mesures de sûreté générale, prises à la suite des troubles de décembre 1851. De son côté, la ville de Paris, voulant signaler l'heureux événement du Mariage de l'Empereur en achevant l'œuvre de bienfaisance commencée par elle, lors de la proclamation de l'Empire, avait, dès le 26 du mois de janvier, ouvert au Préfet un crédit de trois cent mille francs pour être consacré à différents actes de charité publique, et à doter et marier vingt-huit jeunes filles, appartenant aux arrondissements de Paris et de la banlieue, deux par arrondissement.

La pensée primitive de l'Empereur avait été que ces mariages fussent célébrés dans l'Église métropolitaine en même temps que le sien, comme pour mieux faire sentir la force et la dignité des liens de famille qui unissent les citoyens au Monarque. Malheureusement, les retards causés par les formalités légales empêchèrent l'accomplissement de ce projet, et les vingt-huit mariages ne purent être célébrés que dans les premiers jours du mois suivant. Sa Majesté avait voulu qu'alors du moins ils fussent entourés d'une certaine pompe. En effet, le mercredi 2 mars, à midi, plus de quatre cents personnes étaient réunies dans le grand salon de l'Hôtel-de-Ville pour la signature des contrats, sous la présidence du Secrétaire général de la Préfecture de la Seine[1].

MM. les Maires des arrondissements de Paris et de la banlieue étant présents, les Notaires de la ville[2] tenant la plume, une dot de trois mille francs fut allouée à chacune des fian-

[1] M. Merruau.
[2] MM. Delapalme et Noël.

cées, avec addition d'une autre somme pour les frais de noces.
Le 3, à dix heures du matin, les mariages civils étaient contractés par-devant les diverses mairies. A onze heures et demie,
en présence de Sa Grandeur M. l'Archevêque de Paris, de
M. le Préfet de la Seine, de MM. les Maires et Adjoints des
quatorze arrondissements, de l'État-major de la Garde nationale et de nombreux assistants, les cérémonies religieuses
s'accomplissaient à Notre-Dame, et du sein de cette Basilique,
toute pleine encore des souvenirs de la piété de la jeune
Impératrice des Français, mariée un mois auparavant, s'élevaient jusqu'au Trône de Leurs Majestés les ardentes bénédictions du peuple, mêlées aux prières qui montaient à Dieu.

Les pompes et la majesté de la cérémonie du Mariage de
l'Empereur, toutes les circonstances qui l'ont accompagnée et
suivie laisseront de longs souvenirs dans les cœurs. Tout le
monde a fait son devoir : sous les vieilles ogives de Notre-
Dame, tous ont rivalisé de zèle pour accueillir dignement
l'Élu du peuple, qui n'a détrôné que l'anarchie; l'Homme
providentiel à qui est échue la mission d'affermir le respect
pour la Religion, de relever les pouvoirs publics, de restaurer
la force morale du principe d'autorité.

Imprimerie impériale. — Avril 1853.

10

www.ingramcontent.com/pod-product-compliance
Lightning Source LLC
LaVergne TN
LVHW050618090426

835512LV00008B/1556